李爽 主编

打开果核

——新华·知本读书会文丛·文化

文汇出版社

序 言

陈启伟

新华·知本读书会是一个在阅读圈小有名气的公益阅读品牌，迄今已跨过了九个年头。九年中，它举办了近九十场读书活动，群贤毕至，老少咸宜，让读书、品书成为我们这座城市一种独特的品味。

新华·知本读书会每月一期，立足通识，在"一师、一讲、一书"中，引导读者回归经典阅读，为读者打开通往思想之路，以及哲学、历史、文学、艺术，还有心理学、社会学、经济学等领域的探索之门。

和新华·知本读书会相伴相行的是一份名叫《书城》的杂志，它以思想、文化、艺术为内容定位，涉及哲学、文学、历史、电影、音乐、绘画、科技等多个领域，改版至今也出版了一百多期。

2013年《书城》改版时，将新华·知本读书会作为杂志的一部分，自此开启了一份杂志伴随一个读书会的模式，让杂志的读者和读书会的听众有了对知识立体的感受。值得引以为傲的是，《书城》杂志有一批在学术界造诣高深的专家学者，他们居于社科界、文化界、科技界等不同学科门类，具有广泛影响力。这些具有不同文化背景的知识分子受邀走上新华·知本读书会的讲坛，为我们的读者解疑释惑，不遗余力推广经典阅读、深度阅读，分享他们的学识涵养、心得体会。

新华·知本读书会是上海新华发行集团第一个原创文化品牌，行稳致远，久久为功。九年的积累，它沉淀了丰富且珍贵的经典内容，如《再谈思想史在当代中国的重要性》《丝绸之路的昨天、今天、明天》《王阳明与晚明思想解放潮流》《〈全唐诗〉中的伪诗与伪好诗》《宋词与中国抒情传统的美学发展》《昆曲与江南精致文化的复兴》等。从 2017 年开始形成读孔子、老子、庄子系列，读唐诗、宋词系列，读中国戏曲文化系列等。传统文化如涓涓细流，滋润着许多人的心田，也激发起大家对传统文化的热爱和忠诚。

从 2018 年始，《书城》杂志便着手精选历年新华·知本读书会演讲内容，与文汇出版社共同筹划出版"新华·知本读书会文丛"。该文丛分思想、文化、艺术三大主题，按读书会讲座的时间顺序编辑《快乐与至乐》《打开果核》《一加一可以不等于二》丛书，希冀每本书收录的话题能兼具广泛性和深刻性，进一步拓宽理解世界的面相，深挖事物本相。期待读者阅读丛书时，有几许发现新知的惊喜和追求智慧的愉悦，从而亲近经典。

"问渠那得清如许，为有源头活水来。"经典文化、深度阅读，之于读者个体、之于文化品牌、文化产业，乃至整个社会，何尝不是如此。我们有理由相信，经典能激活当下、创造未来。

　　最后，"吃水不忘挖井人"，在日积月累中，我们沉淀的是文化，但九年前发起并创办读书会的同道需要我们提及和感谢。我们谨记：2012 年 5 月 19 日，上海新华发行集团发起，联合上海文艺出版社、上海九久读书人、上海财瑞咨询中心、国家技术转移东部中心、上海杨浦科技创业中心、中信银行、上海魔镜文化传播有限公司，及热爱阅读的各界人士，共同创办了新华·知本读书会。我相信，大家会一如既往呵护它健康成长，吸引更多爱思考的人、读书人，汇聚到这个温暖的读书大家庭。

2021 年 8 月 6 日

目　录

陈启伟　序言　001

张文江　《易经》的源流　001

彭　林　中国古代家训与门风　017

樊树志　王阳明与晚明思想解放潮流　034

傅　杰　漫话《论语百句》　042

郑培凯　"茶禅一味"五题　053

汪涌豪　打开果核　067

陈引驰　从老庄道家谈中国文化　092

戴　燕　早期中日韩的互相观望　109

朱　刚　苏东坡的超越之路　125

陈尚君　《全唐诗》中的伪诗与伪好诗　144

陈建华　宋词与中国抒情传统的美学发展　171

陈勤建　江南稻作生产与中国鸟文化　201

李天纲　海派文化的渊源及其传承　218

陈正宏　被拔高的作家和被贬低的史书　238

郑培凯　昆曲的审美境界　262

陈尚君　唐诗中的醇儒风范　280

《易经》的源流

——以革、鼎两卦为例

张文江

　　《易经》可以从传统角度读，也可以从非传统角度读，本文尝试从传统角度读。此书书名翻译为英文，通常是"The Book of Changes"，再翻译回中文为"变化之书"。《易经》研究的是种种变化，更准确地说，研究的是天、地、人的种种变化。

　　什么是"易"？西汉的《易纬乾凿度》说："易一名而含三义，所谓易也，变易也，不易也。""易"包含三重意思，第一是"易"，第二是变易，第三是不易。书名"乾凿度"，大意是开辟走向"乾"的路，或者说，开辟通往天的路。《易经》的研究变化，除了变易与不易，最根本是"易"，也就是事物的本来状况。"易"从一方面看，全都是变，生生不停地变；从另一方面看，又全都是不变。东汉大儒郑康成，在《易赞》及《易论》中进一步解释："易一名而含三义：易简，一也；变易，二也；不易，三也。"变易和不易与《易纬乾凿度》相同，而对应"易"则提出"易简"。复杂无比的事物，在根源上非常简单。两个解释都收入孔颖达《周易正义》卷首的《八论》，前者强调本来的面貌，后者指引修行的道路。

世界的变化纷繁复杂，人的思维深化一点，看到的不变多一点，事物会相对简单一点。理解《易经》比较深入的人，他看到的世界是相对简单的，而且看到的世界越简单，程度往往越高。但是，怎样从复杂走向简单呢？这条道路曲曲折折，并不简单。

《四库全书总目提要》把易学分为两派六宗，六宗可以归入两派。两派中一派是象数派，一派是义理派。人们的认知往往不是侧重象数，就是侧重义理，而易学重视象数和义理的融贯。汉代易学和宋代易学，各有其不同的象数和义理，读《易》当兼顾汉宋，并上出先秦。

《汉书·艺文志》说，《易经》成于三位圣人之手。第一位是伏羲，中国的人文始祖，他创造了八卦，文化由此开源。以后又传说，黄帝的部下仓颉创造了文字。卦象和文字，组成了基本的符号系统，成为认知的源代码。第二位圣人是周文王，他在殷周之际被当权者幽禁，看到人世间各种各样无法解决的困境，于是写作卦爻辞，理解时代的变化，并寻找出路。

这些古代传说，对中国的民族性有极深影响。《易经》不是锦上添花，而是雪中送炭，在没有办法时寻找办法，在没有路中走出路来。《系辞下》称"作易者其有忧患乎"，对未来的考虑非常深远，后世有"忧患学易"之说。此外，《易经》还有一个原则，后来总结成"易为君子谋"（张载《正蒙》）。它不鼓励侥幸投机，而是研究如何在困境中走向通途。从古到今，中华文明历经无数患难和危亡，依然自立于世界民族之林，就有"忧患学易"的思想支持。第三位圣人是孔子，他写了十篇文献来解释《易经》，"穷理尽性以至于命"（《说卦》），对象数和义理的精要，作了广泛发挥。

根据经学的理解，三圣一揆而同心。三位圣人之间，虽然时代的跨度很大，内在思想并没有矛盾。《易经》的形成经过多少时间？伏羲大致要追溯到畜牧时代，距今约一万至两万年，周文王在公元前一〇〇〇年前后，孔子在公元前500年前后。在这样长的时间中，发生过无数的艰难曲折，有过无数的反转再反转，这些内容都包含在《易经》的卦爻变化中。

《史记·儒林列传》《汉书·儒林传》的记载，《易经》在孔子后经六代传到汉。六代人只留下名字，没有具体事迹。后人考证来考证去，时间、空间都对不上，找不到其他佐证。秦始皇焚书坑儒，《易经》作为卜筮之书没有被烧，逃过了这场劫难。汉代开国，刘邦建都长安，担心东边齐国有势力的人不安分，把当地名门望族迁徙到长安。其中有一个田何，他把《易经》带了过来，在长安收弟子讲学。从此人开始，一代一代传下来，一直到今天。如果留心考核，《易经》所有传承，原则上都能考核清楚。

田何传给第一代学生，第一代再传给第二代。第二代学生中的杨何，成了司马迁父亲司马谈的老师，而司马谈、司马迁之间父子相传。《史记》是相关经学的古代典籍，而不单单是历史著作。如果只把它当作历史读，会遮蔽作者的部分用心。司马迁是《易经》的传人之一，《史记》包含了很多《易经》的内容。田何以下，还有一路是丁宽，他以后的传承，形成了汉宣帝时期立于官学的"三家易"。而"三家易"的演变，就是今天看到的《易经》，除了个别文字上的出入，总体上没有改变。

在《易经》中选取革、鼎两卦，作初步的解释。

革卦

革：己日乃孚，元亨利贞，悔亡。

彖曰：革，水火相息。二女同居，其志不相得，曰革。己日乃孚，革而信也。文明以说，大亨以正，革而当，其悔乃亡。天地革而四时成。汤武革命，顺乎天而应乎人，革之时大矣哉！

象曰：泽中有火，革，君子以治历明时。

初九：巩用黄牛之革。象曰：巩用黄牛，不可以有为也。

六二：己日乃革之，征吉，无咎。象曰：己日革之，行有嘉也。

九三：征凶，贞厉。革言三就，有孚。象曰：革言三就，又何之矣。

九四：悔亡，有孚。改命吉。象曰：改命之吉，信志也。

九五：大人虎变，未占有孚。象曰：大人虎变，其文炳也。

上六：君子豹变，小人革面，征凶，居贞吉。象曰：君子豹变，其文蔚也。小人革面，顺以从君也。

卦名"革"，卦辞是"己日乃孚，元亨利贞，悔亡"。为什么"己日乃孚"呢？这里的"己"（《周易集解纂疏》），古文中写成"巳"（《周易集解》）。"己"字不封闭是"己"，而封闭是"巳"（《周易正义》）。以天干地支观之，"己"是天干第六位，甲乙丙丁戊己庚辛壬癸，以五五分之，"己"过了中间一点点。中华文明的行事方式是中庸，过了一点点，就不在中位上。"巳"是地支第六位，子丑寅卯辰巳午未申酉戌亥，以六六分之，"巳"在一半不到的位置。

古文的"已"没有完全封闭，既不是封闭的"巳"，也不是不封闭的"己"。"革"的时机不可能恰恰刚好，不是过就是不及，好比孔子说"中庸不可能也"（《中庸》）。非常想做到"中"，实际上不可能做到"中"，只能做到近似的"中"。如果在五五分的第七位，或者在六六分的第五位，偏差值远远离开，会发生很大的振荡。"己日乃孚"，在过与不及之间寻求"中"，即使做不到，已是最大限度地靠近。《周易集解》引干宝注："天命已至之日也。"到了这时候，时机才成熟，不言而喻取得了共识。

读过《易经》的人都知道，"元亨利贞"是乾卦的卦辞。在整部《易经》中，"元""亨""利""贞"四个字，大致被所有卦辞分享，或者以"元亨"或"利贞"等方式组合搭配。卦辞中完全具足四个字的，除乾卦以外只有七个卦。潘雨廷在笔记《二观二玩斋易说》中说：卦辞言"元亨利贞"之卦凡七，乾、坤、屯、随、临、无妄、革是也，皆谓由屯、革而成既济。此外，有言"元贞利亨"之卦一，乃逆行者也，即损之"元吉可贞，利有攸往，二簋可用享"是也。历代易家似未指出，今特标出之。此即为道日损之义乎。"元亨利贞"四个字在坤卦、损卦中分散出现，而在屯、随、临、无妄、革五卦则集中出现，这五卦各自有不同的"元亨利贞"。

"元亨利贞"的解释，可以很简单，也可以很复杂。通常认为是四个不同的发展阶段（比如春夏秋冬），或者说四种不同的性质（比如仁义礼智）。"元亨利贞"之后，为什么接着"悔亡"呢？"革"是剧烈的改变，不可避免造成很大伤害，然而不改变则损失会更大。只有在"己日乃孚"的时候，而且具备"元亨利贞"的条件，不得不付出的代价才是正当的。本来应该有"悔"，因为不得不做，而且做对了，损失减少到最小程度，所以"悔亡"。

"彖曰：革，水火相息。二女同居，其志不相得，曰革。"《彖》解释卦象和卦辞。什么是"水火相息"呢？上卦兑为泽，也就是水；下卦离为火。水往下流，要把火浇灭，而火不断燃烧，要把水烧干。水火争斗，彼此不相容。"二女同居，其志不相得"，从自然推广到人事。《易》兑为少女，离为中女，巽为长女。两个女人住在一起，竞争目标接近，想法有冲突。矛盾不可能达成妥协，乃至改良的机会也丧失，不得不发生革命。

"己日乃孚，革而信也。""孚"是诚信的状态，这个字的本义为孵。母鸡孵小鸡，为什么肯下这样的工夫？因为有确定的预期，相信到时候小鸡会出来。卦辞中的"孚"，相通俘虏的"俘"，消解你死我活的对抗，不把俘虏赶尽杀绝。《易经》有个卦"中孚"，完完全全地相信，"孚"是可以感受的气场，而不是字面的词句。

"文明以说，大亨以正，革而当，其悔乃亡。"离为"文明"，兑为"说"，也就是"悦"。"文明以说"，"革"促进生产力发展，社会秩序提升，引导人民过上幸福的生活。"大亨以正"解释"元亨利贞"，"元"的意思是大，贞的意思是正，堂堂正正，有着时代的正义。"革而当，其悔乃亡"，革命不可避免要承担牺牲的代价，而不革命的代价更大，所以要平复不得不造成的伤害。如果"革而不当"，就是叛乱和造反。只有"革而当"，"悔"才会"亡"。

"天地革而四时成。汤武革命，顺乎天而应乎人。""天地革"有自然基础，而"革命"是政治事件。天地变化，呈现为春夏秋冬，而节气变换就是"革"。随着天地的变化，生产力的发展，原有的平衡不得不打破，所以要变革。水与火不相容，矛盾一触即发，不可能和平解决，所以产生汤武革命，以暴力的方式推动改变。

"革之时大矣哉！"《易经》有十二时卦："豫之时义大矣哉""随时之义大矣哉""颐之时大矣哉""大过之时大矣哉""坎之时用大矣哉""遯之时义大矣哉""睽之时用大矣哉""蹇之时用大矣哉""解之时大矣哉""姤之时义大矣哉""革之时大矣哉""旅之时义大矣哉"。《易》往往以"某某时大矣哉"，指称某个关键的时刻，革命就是这样的时刻。"革之时"的前提是"己日乃孚"，有些像后来的"得民心者得天下"。《周易集解》引郑玄曰："革，改也。水火相息而更用事，犹王者受命，改正朔，易服色，故谓之革也。"

"象曰：泽中有火，革，君子以治历明时。"《易经》有《大象》和《小象》，《大象》解释两个三画卦，《小象》解释六爻中某一爻。"泽中有火"，上卦泽为兑，下卦离为火，如果允许引申，有些像过去的戏"芦荡火种"。在水里有火种在，是革命的根本，而星星之火，可以燎原。"治历明时"，研究天文历法，校正不准确或失误，认识所身处的时代，是君子的任务。

为什么每个时代都有人读《易经》？因为每个时代都有人需要认识自己的时代。人、单位乃至地区或国家，都要认识自身当下所处的位置，根据时代的发展，作出适当的调整。

"革"初九是阳爻——《易经》由卦和爻组成，统观为卦，分为阴爻和阳爻。初九爻是根本的缘起，对应爻辞"巩用黄牛之革"。在最初酝酿阶段，用黄牛皮这样牢固的材料，把基础整得越坚实越好。在"革"的初期，几乎没有什么人认同，此时不应该大有作为，不可以过早展现实力。如果对应个人的发展，那就是学生时代。当学生的主要任务是学习，对大部分人来说，还没到为社会作贡献的时机。如果过于张扬，阳气耗散而变成阴爻，基础会松动而招致失败。

六二阴爻，"己日乃革之"，爻辞相应卦辞。发展到六二的阶段，可以开始革。"征吉，无咎"，必须有行动出来。"无咎"是说本来有咎，由于行为得当，所以无咎。

九三阳爻，"征凶，贞厉。革言三就，有孚"。革命力量已发展到一定规模，敌对的势力还很强大，冲动冒进会遭受损失，而一味保守也有危险。到了这个阶段，内部会产生质疑和分歧，经过几上几下的反复，统一了目标，形成共同的合力。"就"犹言到位，经历了三次调整。

爻辞和卦辞相应，二爻"己日"、三爻"有孚"。二、三爻位置不同，《系辞下》称"二多誉""三多凶"。二爻《象》曰"己日革之，行有嘉也"，嘉是阴阳配合，一片好的形势。三爻反而差一点，《象》曰"革言三就，又何之矣"，外部不确定因素很多，内部又有分歧，经过多次整合，寻求正确的方向。

于是到了九四爻，"悔亡，有孚。改命吉"。《易经》的变化，以既济卦为阴阳相济的标准。既济卦从下至上，阳爻与阴爻交替，"刚柔正而位当也"（《既济彖》）。革卦九四爻非改不可，只要改正这一爻，就完全符合既济的标准。这就是改变的时候，只有革命才消除后悔。"有孚"是所有人同心协力，顺理成章地推动改变。"改命吉"，《易经》讲求的"改命"，与从西方翻译的"革命"（近代由日语转回），有不同的侧重点。在《易经》看来，只有革卦的九四爻，在悔亡、不得已的情况下，才适合改正时代的错误。初爻的理想，终于在九四爻得以实现，所以《象》曰："信志也。"

九五爻，"大人虎变，未占有孚"。老虎的皮毛在秋天会改变颜色，焕发出新的光彩。革命成功了，时代完全改变，应该明白大前提已改变的事实。《易经》的最高境界是"善易者不占"（《论语·子路》，又《荀子·大略》），完全有把握做好的事情，为什么还需要占卜呢？如果受侥幸心理驱使，内心充满失败感，只是头脑发热赌一把，一定不会成功。

上六爻。九五爻的"大人"，掌握时代并领导时代。他及时地作出了改变，人群中的精英也跟着改变，这就是"君子豹变"。而到最后阶段，社会大众也跟着改变，这就是"小人革面"。"小人"指比较局限于生存状态的人，不宜看作贬义，这样的人其实是大多数。这里对人性有着深刻的洞见，"大人"花了再多的力气，好像改天换地，其实改变的只是小部分，更多的改变只是表面上的。"征凶，居贞吉"，这时革命已经完成，不能继续革命了。如果惯性不能减速，再革命就成为折腾。尽早安定下来，让老百姓恢复生产，转入和平时期，才"吉"。

"象曰：君子豹变，其文蔚也。小人革面，顺以从君也。"君子"从道不从君"（《荀子·臣道》），有其独立的认知和判断。"小人革面"并不是真正改变，他们只是服从新领导，换一下表面文章。虽然还有人想继续挽留旧时代，但是大多数人需要的是社会稳定，并开始习惯新的生活。

鼎卦

鼎：元吉，亨。

象曰：鼎，象也。以木巽火，亨饪也。圣人亨以享上帝，而大亨以养圣贤。巽而耳目聪明，柔进而上行，得中而应乎刚，是以元亨。

象曰：木上有火，鼎；君子以正位凝命。

初六：鼎颠趾，利出否，得妾以其子，无咎。象曰：鼎颠趾，未悖也。利出否，以从贵也。

九二：鼎有实，我仇有疾，不我能即，吉。象曰：鼎有实，慎所之也。我仇有疾，终无尤也。

九三：鼎耳革，其行塞，雉膏不食，方雨亏悔，终吉。象曰：鼎耳革，失其义也。

九四：鼎折足，覆公餗，其形渥，凶。象曰：覆公餗，信如何也。

六五：鼎黄耳，金铉，利贞。象曰：鼎黄耳，中以为实也。

上九：鼎玉铉，大吉，无不利。象曰：玉铉在上，刚柔节也。

革卦反过来是鼎卦，鼎卦是革卦的综卦。《易》有错卦，有综卦。错卦是阴阳相反，当神而明之，协调其互变；综卦是阴阳颠倒，同一事物有对立的视角。从革卦看来，是鼎卦的失误要改正；从鼎卦看来，是革卦的失误要改正。读《易》要从不同的角度观察，通晓不同的立场。

革卦的重心是革命，鼎卦的重心是稳定。鼎有三个脚，三角形有其稳定性。鼎卦巽下离上，巽为木，离为火，木在火下，越烧越旺，是烹饪的形象。革卦水与火互不相容，而鼎卦木与火彼此支持。卦辞"元吉，亨"，为什么"元吉"？鼎卦九三爻是唯一的正爻，必须保持好，变化是常态，不变则非常不容易。亨有两个意思，一是行得通，一是享受，享受胜利的果实。这时候形势很好，革命已经成功。

《彖》曰"鼎，象也"，本卦的卦象，模仿鼎的形象。鼎有足有耳，耳上有环，可以套绳索移动。"以木巽火，亨饪也"，老百姓要吃饭，必须稳定搞建设，恢复被破坏的生产。"革"的时候经济服从于政治（其极端形式为战争），"鼎"的时候最大的政治就是经济，关注就业和生活。古代文献中，"鼎"常用来比喻政权，比如说"问鼎中原"（语出《左传》宣公五年），掂掂鼎有多少分量，窥探传承的神器。又比如说"逐鹿中原"（语出《史记·淮阴侯列传》），争夺国家的主导权，鹿就是鼎内的美食。

"圣人亨以享上帝，而大亨以养圣贤。""圣人亨以享上帝"，由人而天，以祭祀供奉形而上的精神，稳定和安抚人心。《礼记·祭统》："礼有五经，莫重于祭。"古代中国是世俗的文明，但从远古而来，也有超越的信仰。这个信仰就是天。"而大亨以养圣贤"，由天而人。圣和贤是文明的骨干，前者理解天人关系，创造文明；后者追随并支持前者，维护文明。

"巽而耳目聪明"，想取得长久的稳定，掌握政权的人应该耳目聪明。"聪"是听得进多方面意见，调整政策的实施。"明"是维护法统，明辨是非，主持正义。"柔进而上行"，不再以疾风暴雨的方式，而是以和风细雨的方式，推动事业的持续发展。"得中而应乎刚"，二五皆失位，当变之正，九五、六二相应，阴阳相合。

"象曰：木上有火，鼎；君子以正位凝命。"鼎架稳安置好，才能煮熟食物。不能一会儿烧火、一会儿撤火，时冷时热。"君子以正位凝命"，革卦强调改命，而鼎卦要稳定正确的命，尽可能保持不变。

"初六：鼎颠趾，利出否，得妾以其子，无咎。"革与鼎卦象相反，革是颠倒的鼎，鼎完全反过来，革就成功了。"鼎颠趾，利出否"，要扫荡旧有的一切，经济学上称为出清。废弃过去的所有，把锅子洗干净，然后找来新的食材，煮一锅美食。

"得妾以其子，无咎"，是深刻的传承规律。一个最后主持大统的人，往往在原来那个时代中，不被大多数人所看好，甚至被认为没有前途。禅宗的六祖惠能，最初只是做舂米的劳动。当时五祖已有大弟子神秀，他学得很好，但是最后得衣钵的人，却是在不经意中听懂了老师关键性的话，自己开创了新局面。这就是"得妾以其子"，已经成功了，可以不讲究来历是正是偏。当然，实际上来历还是正的，只不过是不受重视的那个人。真正的创新不是计划安排出来的，它往往发生在没有人想到的角落，自己不知道怎样就发展起来了。研究中外历史中各种各样的传承，这样的例子不胜枚举。

"象曰：鼎颠趾，未悖也。利出否，以从贵也。"创新不是来自提出的口号，而是在社会需要的促动下，不知其然而然地发展出来的。有些人感应时代的先机，抓住了时代的趋势，在行动中完成了自我教育，开展了除旧布新的伟业。

"九二：鼎有实，我仇有疾，不我能即，吉。""鼎有实"，掌握实质性的内容，生产力得以发展，革命和稳定都不能靠说空话。"我仇有疾，不我能即"，还在稳定的初期，反对势力还在拼命活动。但是最终不会成功，因为他们代表的是旧时代，根本问题解决不了。即使有人反对，甚至反对势力非常大，还是颠覆不了取得的成果。这些人近不了我的身，改变不了局面，因为我掌握了"实"。

九三是唯一的正位爻，必须考虑如何稳定。"鼎耳革，其行塞"，鼎的时代要求稳定，但是片面强调稳定，也不一定可取。鼎是可以移动的，如果位置或高低不对，应该改变或调整，才能适应新情况。要是把两个耳朵革掉，造成鼎无法移动，反而不利于稳定。联系上文的"耳目聪明"，鼎在这里动不了，也可以认为言路闭塞，堵死信息反馈的通道。"雉膏不食"，生产发展所取得的成果，全都集中在上层，没有和老百姓分享。雉膏味道鲜美，底层的人完全吃不到。"方雨亏悔"，直到疾风骤雨式的危机到来，受到了亏损，那时才会后悔。

"象曰：鼎耳革，失其义也。"如果只知道定鼎而不知道行鼎，把可以帮助改革的东西都革掉了，经济发展的果实全被顶层掌握，贪腐横行，化国为家。只有把家还给国，缩小贫富差距，才能"终吉"。为什么鼎卦九三这么写？因为三爻人位居正，必须起到应有的作用。乾卦九三爻："君子终日乾乾，夕惕若厉，厉无咎。"一天到晚都在反思自己如何做才对，君子以修身化解危难。

"九四：鼎折足，覆公餗，其形渥，凶。"鼎没有维护好，断了一只脚，食材全部打翻。"其形渥"有两种意思，可以说它的形象维护出现问题，也可以说司法系统出现问题，得不到民众信任，所以"凶"。《系辞下》对此爻有解释："子曰：德薄而位尊，知小而谋大，力少而任重，鲜不及矣。《易》曰：'鼎折足，覆公餗，其形渥，凶。'言不胜其任也。"健康的社会必须有良性的淘汰机制，如果"德薄而位尊"，力不胜任的人，利用种种关系或手段获得权力，鼎就会"折足"而倾覆。

"六五：鼎黄耳，金铉，利贞"，治理成功的形象。"鼎黄耳"，通过定鼎和行鼎，恰到好处地进行平衡。"利贞，中以为实也"，它居中处理问题，实事求是而不敷衍塞责。鼎卦有好几处强调"实"，九二说"鼎有实"，六五说"中以为实也"。

"上九：鼎玉铉，大吉，无不利"，"象曰：玉铉在上，刚柔节也。"上爻是意识形态。"刚柔节"是阴阳配合，达到恰当的度。"大吉，无不利"，顺利克服困难，消除一切不利因素，以善颂善祷作结。

二〇一四年九月二十日新华·知本读书会第二十四期

中国古代家训与门风

彭 林

梁启超早就指出，中国文化与西方文化是两个不同的文明体系，两者各有优长，应该互相尊重、互相学习。人类文明是多元的，做好自己，展现自己独特的文化个性，就是对人类文明的贡献。西方是宗教文明，我们到欧洲去旅游可以发现，每座城市最好的建筑都是教堂，有的国家能够用几个世纪的时间来建一座教堂，宗教的地位有多高，不难想见。在宗教文化里面，人人都是上帝的儿子，在上帝面前人人平等，四海之内都是兄弟。所以，西方人对于家庭的观念不像我们中国人这么浓厚。外国人学汉语，一听到"伯伯""大叔""二舅"头都是晕的，因为他们没有这么复杂的称谓系统。中国文化不一样，家庭是我们社会的细胞，所以中国人的家庭观念是最重的。孟子有一段很有名的话："人有恒言，皆曰'天下国家'。天下之本在国，国之本在家，家之本在身。""恒言"，就是经常说的话；"天下国家"，是指天下、国、家三个层次。人们常说要"治国平天下"，要想平定天下，要从"国"做起，鲁国、晋国、楚国、吴国……"国"不安定，这"天下"怎么能安定呢？国要安定，根本在家。孟子这里说的这个"家"，跟我们今天说的"家"不太一样。那个时候，天子有天下，诸侯有国，大夫有家。后来，这个"家"的概念一直沿用到现在，一般是指小家庭。要把家治好，就要每个人自身先做好。我国第一部谈教育理论的经典《礼记·学记》中说："玉不琢，不成器；人不学，不知道。是故古之王者建国君民，教育为先。"人只有通过读书、学习，才会懂得道。

家教关乎国祚长短

对于普通家庭而言，子女教育是否成功，关系到家庭的兴衰。而对于王室而言，太子的教育直接关系到国祚的长短。下面我们来看儒家经典《大戴礼记》中的《保傅》，其中有这样一段话：

> 殷为天子，三十余世而周受之；周为天子，三十余世而秦受之；秦为天子，二世而亡……何殷周有道之长，而秦无道之暴？其故可知也。

这段话的意思是说，历史上有的朝代传得非常长，最长的两个朝代，一个叫殷，一个叫周。甲骨文研究表明：《史记·殷本纪》所记载的商代的世系基本是可信的，传了三十一个王，历时六百年；周朝传了三十九个王，历时八百年。这两个朝代绵延的时间如此之长，在人类历史上都是非常罕见的。和它们形成强烈对比的是秦，秦只传了两代。这是偶然的，还是必然的呢？所以古人就提出一个问题："何殷周有道之长，而秦无道之暴？"为什么殷周"有道"，而且持续的时间这么长？而秦"无道"，且那样短促？"其故可知也"，它的原因是可以知道的。是什么原因呢？分析到最后，是在对太子的教育上。

> 昔者，周成王幼，在襁褓之中，召公为太保，周公为太傅，太公为太师。保，保其身体；傅，傅其德义；师，导之教顺，此三公之职也。

周人知道，能不能长治久安，在于接班人培养得好不好。武王在克商之后没几年就死了，继位的成王年龄很小，还在"襁褓之中"，没有能力管理国家。所以由周公代替他来处理国家政务。当时，朝廷里最重要的事情是教育和保护太子，所以，由召公担任太保，周公担任太傅，太公担任太师，也就是人们常说的"三公"。太保的责任，是保护好太子的身体，不能出任何问题；太傅的责任，是"傅其德义"，让太子成为有德有义的人；太师的责任，是"导之教顺"，"顺"，是顺应德义。

> 于是为置三少，皆上大夫也。曰少保、少傅、少师，是与太子宴者也。故孩提，三公三少固明孝仁礼义

以导习之也，逐去邪人，不使见恶行。

"三公"是朝廷里职位最高的官员，太忙，需要助手，所以又有"三少"：少保、少傅、少师，爵位是上大夫。大家知道，古代大夫有上大夫与下大夫之别，上大夫相当于"卿"，是大夫里面的上等。少保、少傅、少师，负责"与太子宴者也"，这个"宴"字与"燕"通，不是指跟太子吃饭，是指日常起居都要跟太子在一起。要让他"明孝仁礼义"，要"导习之也"，要引导他什么叫孝，什么叫仁，什么叫礼，什么叫义，一句话，注重的是德行教育。先要让他有德行，有德行才能成人，成人才能有作为。为了让太子有一个良好的成长环境，还要"逐去邪人，不使见恶行"，把他周围的邪人都赶走，让他眼睛见到的都是真真正正的东西。大家知道"孟母三迁"的故事，为什么要三迁？因为小孩子是一汪清泉，很容易被污染。最初，孟家住在坟地旁边，每天看到的都是送殡的队伍，哭哭啼啼、吹吹打打，小孩就跟着学，这样下去，孩子怎么成人？所以就搬到集市旁去了，可是在集市每天所见的，都是商人的斤斤计较，甚至是欺诈行为，对孩子有负面影响。最后搬到了学官旁边，每天看到的是读书人，听到的都是圣贤的教导，对孩子的成长大有帮助。孟子后来成为圣贤，与环境影响很有关系。

于是比选天下端士孝悌闲博有道术者，以辅翼之，使之与太子居处出入。

"比选天下端士"，"端"就是"正"，端士是正派的士，而且是"孝悌闲博有道术者"。文化有两大要素，一个叫"道"，一个叫"器"。"器"是手段、方法，"道"是灵魂。要有道有术之人。

故太子乃目见正事、闻正言、行正道、左视右视，前后皆正人。

这批人行为端正，他们和太子"居处出入"，一起生活，一同出入，使太子"目见正事，闻正言，行正道"，看到的周围的人都是好人，听到的都是正言，走的都是正道，"左视右视"，前后都是正人。

及太子既冠成人，免于保傅之严，则有司过之史，有亏膳之宰。

到了太子举行了冠礼，已经成人了，不能再像小时候那么管着他了，但是他还可能会犯错误。所以要及时地发现，很严厉地纠正。为此设了两个官，一个是史官，叫"司过之史"：

太子有过，史必书之。史之义，不得不书过，不书过则死。

太子有过错，史官一定要把它记下来。将来要登基的人，对他的过错，绝对不可马虎。

于是有进膳之旌，有诽谤之木，有敢谏之鼓，瞽史诵诗。

除此之外，还有一系列及时纠正太子错误的安排，如"有进膳之旌"，民众有善言要进献给你，只要站在"旌"（旌旗）旁边，太子就得过去听取，要从善如流。"有诽谤之木"，"诽谤"的原意是批评，现在"诽谤"变成了一种恶意的批评、污蔑；有人站在木旁，太子就要过去听取批评。"有敢谏之鼓"，有人击打此鼓，太子要马上去接见。这样还不算，还有更多的预防太子过错的安排。如"瞽史诵诗"，"瞽"与"瞽"通，指盲人，古代唱诵劝谏诗歌的人，通常由盲人担任，他们每天晚上要为太子诵《诗经》。《诗经》里面有歌功颂德的，也有讽刺规谏的。

及秦不然，其俗固非贵辞让也，所尚者告讦也；固非贵礼义也，所尚者刑罚也；故赵高傅胡亥而教之狱，所习者，非斩劓人，则夷人三族也。

秦就不一样了。"其俗固非贵辞让也"，秦的风俗"不贵辞让"，人跟人没有礼让，所崇尚的是"告得"，相互告发，为的是得到赏金。秦人也不"贵礼义"，"所尚者刑罚也"，崇尚的是刑罚，不是杀人，就是动用割去鼻子的劓刑，甚至是灭人三族。所以说是"非斩劓人，则夷人三族也"。"故赵高傅胡亥而教之狱"，赵高教育胡亥的，尽是狱讼之类的东西。

故今日即位，明日射人，忠谏者，谓之诽谤，深为计者谓之妖言；其视杀人若艾草菅然。岂胡亥之性恶哉？彼其所以习导非其治故也。

所以，胡亥今天即位，明天射人，忠臣去劝谏，他说是污蔑；为国家的长治久安去献计谋，他说你是妖言。胡亥杀个人，如同割草菅那样轻易。这难道是胡亥的生性就不好？是他从小受到的教育使他没法治国，所以二世就亡。

以上，我们以《大戴礼记》中《保傅》篇为例，说明周人对儿童教育的重视程度。教育的成败，直接关系到国祚的长短，周人是成功的榜样，秦人则是失败的典型。

《颜氏家训》：家训之祖

北魏颜之推，为自己的家庭制订训诫条理，这就是著名的《颜氏家训》。说到颜之推，大家不一定都熟悉，但是说到他的祖先颜回，大概无人不知，颜回是孔子最好的学生。

颜之推生活在魏晋南北朝时期，当时政局动荡，社会混乱，人民流离失所。他亲眼看到许多家庭大起大落，一夜暴富，一夜暴亡，可谓惊心动魄。而自己尽管历尽劫难，却还能有所作为，曾经官至黄门侍郎。他把自己的成就，归结为幼年受到良好的教育，有良好的家风："吾家风教，素为严密。"每天的日常生活，都能做到"晓夕温凊，规行矩步，安辞定色，锵锵翼翼，若朝严君焉"。每天早晚问候长辈，关心他们起居安否；走路都方方正正，每个细节都有规矩；言辞得体，神色安定；父亲去世比较早，长兄如父，每早的朝见，礼节如同去见严父。有了如此严整的家教，无论环境如何变化，都不会作奸犯科，都能守住做人的底线。

作为长辈，颜之推觉得有责任把自己经历的世事告诉后代，所以写了一部《家训》，全书七卷二十篇，纵论治家、为人、治学之道，主旨是"整齐门内，提撕子孙"，为颜氏家族垂范立训，让子孙都走正道。

《颜氏家训》的基本特点，是通过真实的故事讲道理，娓娓道来，不作生硬的说教，容易被子孙接受。下面，我稍微举几个例子。

爱孩子是父母的天性，无可厚非，但还要教育才对。一个人掉到水里淹死了叫"溺毙"；把孩子浸泡在爱里面，这叫"溺爱"，溺爱也能把人害死。颜之推说，对待孩子的原则是，不能"无教而有爱"。他指出了不少家庭教育的误区，如"饮食运为，恣其所欲"，想吃什么就给什么，任性得很。再如"宜诫翻奖，应呵反笑，至有识知，谓法当尔"，这个"翻"字通"反"，在应该训诫的时候，反而加以奖励；在应该呵斥的时候，却还笑。总觉得孩子大了，慢慢就会改正的。结果是他的骄慢之气逐渐变成了习惯，这才想到要去制约他，晚了，"捶挞至死而无威"，父母就是把他打死，威严也立不起来了；相反，"忿怒日隆而增怨"，他对你的怨恨一天比一天强烈。颜之推非常赞同"教儿婴孩"这句古语——婴孩最最单纯，最容易教，所以，对儿童的早期教育非常重要。

《颜氏家训》是我国第一部专门针对自己家庭撰写的家庭教育的著作，是中国教育史上的里程碑之作，学者的赞誉，史不绝书。陈振孙《直斋书录解题》称"古今家训，以此为祖"；王钺《读书丛残》赞其"篇篇药石，言言龟鉴，凡为人子弟者，可家置一册，奉为明训"；袁衷《庭帏杂录》称："六朝颜之推家法最正，相传最远。"

《颜氏家训》开创了自立家训的社会风气，其后，上自帝王，下至平民百姓，争相效仿，影响世道、人心的家训杰作，代有所出。下面介绍几篇最有影响的家教名作。

司马光《家范》

司马光是北宋名相，门风高亮，其父司马池清正廉明，官至天章阁待制。司马光之子司马康不妄言笑，与人交谈，口不言财。为了保持家风不坠，司马光亲自撰作《家范》，按照祖、父、母、侄、兄、弟、夫、妻、妇、妾、乳母等不同的家庭身份，引经据典，一一制定行为准则。卷一引《易》《大学》《孝经》，论圣人以"家行隆美"为尚，总述治家之要，旨在"轨物范世""遗泽后世"。

司马光主张"以义方训其子，以礼法齐其家"。他批评好多长辈"为后世谋"，"广营生计"，给孩子"田畴连阡陌，邸肆连坊曲，粟米盈囷仓，金帛充箧笥"，觉得还不够，"以为子子孙孙累世用之莫能尽也"，几辈子用不完。这些家长只知从物质上满足子孙，如此，"适足以长子孙之恶，而为身祸也"，因为"子孙自幼及长，惟知有利，不知有义故也"。

朱熹《朱子家训》

朱熹是宋代理学的集大成者，是继孔子之后最杰出的思想家，所撰《朱子家训》，出入经史，融会精粹，倡明五伦要则，日用常行之道，尊老爱幼之法；其中如下的句子，被视为金玉良言，广为传播：

事尊长贵乎礼也，交朋友贵乎信也。

勿以善小而不为，勿以恶小而为之。

诗书不可不读，礼义不可不知。

子孙不可不教，童仆不可不恤。

斯文不可不敬，患难不可不扶。

见不义之财勿取，遇合理之事则从。

朱柏庐《治家格言》

清儒朱柏庐，本名朱用纯，清代著名理学家、教育家，因仰慕晋人王裒攀柏庐墓之义，故自号柏庐。此书以修身、齐家为主旨，用格言警句的形式，教以为人处世之道，精练明快，脍炙人口，深受大众欢迎，如下格言，被后世许多家训所采择：

黎明即起，洒扫庭除。

宜未雨而绸缪，毋临渴而掘井。

一粥一饭，当思来处不易。半丝半缕，恒念物力维艰。

祖宗虽远，祭祀不可不诚。子孙虽愚，经书不可不读。

勿贪意外之财，莫饮过量之酒。

器具质而洁，瓦缶胜金玉。饮食约而精，园蔬胜珍馐。

人有喜庆，不可生妒忌心。人有祸患，不可生喜幸心。

善欲人见，不是真善。恶恐人知，便是大恶。

与肩挑贸易，勿占便宜。见贫苦亲邻，须多温恤。

读书志在圣贤；为官心存君国。

历代家教要点

　　家训，是自家内部的行为准则，各家情况千差万别，所以家训的形式、内容也各不相同，极为丰富。但是，作为教材，它们必然会有共同的指向。我作了非常粗浅的归纳，主要有以下几点：

　　其一，划定行为底线。

　　国有国法，家有家规，做守法之民，是许多家训的基本条款。哪些属于底线，许多家训都有具体规定。如福建莆田陈俊卿的《家训》。陈俊卿是北宋名臣贤相，为官清廉，忠义直谏。他在《家训》中要求子孙：

　　　　毋作非法而犯典刑，毋以众而暴寡，毋以富而欺贫，毋以赌博而荡产业，毋以谣辟而坠家声。

　　不要做非法的事，不要触犯刑律，这是你绝对不能去碰的。不要藉自己人多势众而"暴寡"，就是欺负弱势群体；不要因为自己富有而"欺贫"；不要因为参与赌博而"荡产业"；"毋以谣辟而坠家声"，不要四处造谣而闹得自家的名声坠落。

　　山西祁县乔致庸家族的家训很周备，其中有"六不准"：

不准纳妾，不准虐仆，不准酗酒，

　　不准赌博，不准吸毒，不准嫖妓。

　　乔氏家族恪守"六不准"，乔致庸活到八十九岁，有过六次婚姻，但都是续弦，从未纳妾。第六代乔映奎夫人不能生育，照常理可以纳妾，但是祖宗定了规矩，一辈子不纳妾，就从哥哥那里过继了一个孩子。乔家人不兴风作浪，不骄横跋扈，低调自律，都是因为有一个最基本的戒律在。

　　以上所举，戒目或多或少，但主旨则是一样，都是要把自家的"篱笆"扎紧，决不允许出现有妨家声的劣迹。

　　其二，教子当严。

　　颜之推认为，父母的严格管教，是子女避免犯错误的有力保证。他以梁大司马王僧虔为例加以说明。王僧虔担任征东将军、车骑大将军，收复旧京，功盖天下。他的成功，得益于老母魏夫人。王僧虔在溢城（今江西九江附近）时，已是统领三千人的将军，年纪也过了四十岁，可是魏夫人依然严厉地管着他，"少不如意，犹捶挞之"。

　　司马光说，"爱子，教之以义方，弗纳于邪"。不少败家之子身上的骄、奢、淫、逸四大邪僻，都是由于宠爱过度而出现的。

　　其三，遵守社会公德。

　　不少家庭将帮助族内或者社会上的贫困者，作为自己应尽的义务。福建莆田林英为北宋仁宗、英宗、神宗、哲宗、徽宗五朝名臣，其《家训》说：

> 凡一子孙有志读书，如本房艰难不能供给，族长即
> 率族人有力量者为资助，以成其学，庶可宣扬祖德。
> 凡族人或遭盗贼、疾病者，及婚不能娶者，族中有
> 力之人扶持周济。

一个家族里面如果子孙有志于读书，但是本房（一个宗族分下来一房）"艰难不能供给"，"族长即率族人有力量者为资助，以成其学"，这样"宣扬祖德"，是有德行的。可见，古代的社会救助，往往是由家族内部自己消化的。

其四，勉学与慕贤。

在中国，重视教育是全社会的共识，只有读书，才能明理，才有正确的奋斗方向，才会有不朽的事业。人生的成长还应重交游，向慕和亲近贤者，不断接受正面的影响。《颜氏家训》有《勉学》《慕贤》各一卷，他说，梁朝全盛时，"贵游子弟，多无学术"，依靠家族的权势混世，等到战乱时，无法自立，转死沟壑。所以，要有真才实学，颜之推说：

> 若能常保数百卷书，千载终不为小人也。

颜之推还用"墨子悲染丝"的典故教育子女慎交游：

> 与善人居，如入芝兰之室，久而自芳也；与恶人居，如入鲍鱼之肆，久而自臭也。墨子悲于染丝，是之谓矣，君子必慎交游焉。

"如入芝兰之室，久而自芳也"，兰花是香的，在旁边待久了你身上都有香气；鲍鱼有恶臭，在旁边待久了你身上也有臭气。墨子看人染丝，雪白的丝，浸到染缸里之后，马上变黑了，再也洗不干净了。与什么样的人交游，如同选择入芝兰之室，还是入鲍鱼之肆，不可不慎重。

勉学的理念，为后世许多家训所采用。朱柏庐《治家格言》说的"子孙虽愚，经书不可不读"一语，更是流传四方，人人耳熟能详。孩子再笨，经书不能不读，经书里面讲的是做人的道理，是我们生活的样板，是做人的根本。当读书成为千家万户的信念，成为大众的生活方式之时，不仅社会的文明程度得以提高，洞察历史的目光也更为深邃："读经传则根柢深，看史鉴则议论伟。"

其五，价值观教育。

程颢说："天下之事，唯义利而已。"朱熹说："义利之说，乃儒者第一义。"程颐说："义与利，只是个公与私也。"义利之辨，是人生成长的重大课题。

司马光《家范》主张"以义方训其子，以礼法齐其家"，他批评做长辈的多只知从物质上满足子孙：

今之为后世谋者，不过广营生计以遗之，田畴连阡陌，邸肆连坊曲，粟米盈囷仓，金帛充箧笥，慊慊然求之犹未足也，施施然自以为子子孙孙累世用之莫能尽也……然则向之所以利后世者，适足以长子孙之恶，而为身祸也……子孙自幼及长，唯知有利，不知有义故也。

山西祁县乔家家训中，还有关于什么是"功名富贵"、什么是"道德文章"的解读，令人耳目一新：

有补于天地者曰功，

有益于世教者曰名，

有学问曰富，

有廉耻曰贵，

是谓功名富贵。

无欲曰德，

无为曰道，

无习于鄙陋曰文，

无近于暧昧曰章，

是谓道德文章。

有功名富贵固佳，

无道德文章则俗。

上述文字超凡脱俗，经常诵读，则可不做小人，不做俗儒，保持自身的高洁。乔家之所以能长盛不衰，与他们立意高远的家训有重要关系。

一个家庭的家训家教一旦确立，人人恪守，代代相传，便可以形成良好的家风和家声。我们读《汉书·地理志》，它介绍一地的山川之后，紧接着就说这个地方民风好不好，并分析原因何在。汉代政府重视民风民情，定期派遣有学问有声望的人担任风俗使下基层考察，要移风易俗，提振民风。

家教是民众自我教育的最好形式，既是出于家庭自身建设的需要，也是整体培养全民道德风貌的社会土壤，有助于确立大众的道德底线、人生观、价值观，既不需要政府投资，也不需要学者立项，成本最低，见效最快，何乐而不为？

二〇一五年八月二十三日新华·知本读书会第三十二期

王阳明与晚明思想解放潮流

樊树志

所谓解放思想就是要冲破束缚思想的牢笼，挣脱枷锁，内容与形式因时而异。晚明思想解放的潮流，特点就是要冲破僵化的经学思想的束缚。此事说来话长。

汉武帝"罢黜百家，独尊儒术"以后，儒学成为进入官场的敲门砖，于是乎形成了研究儒家经典的学问——经学，以研究经学为生的人群称为经师。经师们专注于经典的一字一句的注释，搞所谓章句之学。汉朝的经学就已弊端百出，正如已故历史学家吕思勉所说：经学大师郑玄遍注群经，号称博学，其实支离灭裂，于理绝不可通，自相矛盾之处不知凡几。此等风气既盛，经学家大多变为没有脑筋的人，虽有耳目心思，都用在琐屑无关大体之处。

经学逐渐成为束缚人们思想的枷锁，一言以蔽之，经学的弊端可以概括为六个字：拘泥、僵化、教条。宋明理学把这种弊端放大到了极点。

明朝前期的思想界沉闷而僵化，科举取士都以宋朝经学家朱熹的《四书集注》等，作为考试课本和标准答案。考生们为了跃登龙门，一味死记硬背，写毫无自己思想的八股文。人人都以孔子的思想为思想，以朱子的思想为思想，而没有自己的自觉思想、自由思想。正如美籍华裔学者杜维明所说："结果，朱熹的宋代儒学版本成了科举考试不可分割的一部分……不幸的是，这种融合'往好处说是鼓励人们去关心只言片语、孤立的细节、无关紧要的东西；往坏处说则导致死记硬背、照本宣科而不追求意义和价值的习惯'。一旦朱熹广博的道德形而上学被转变成纯经院形式，'批判精神、创造性思想、道德目的和活力就逐渐消失了'。"（《青年王阳明——行动中的儒家思想》，生活·读书·新知三联书店 2013 年）

一两千年前的经典，后人奉为不可更改的至理名言，供上神坛，顶礼膜拜，不敢批判，不敢怀疑，思想界死水一潭。有独立思想的知识人对于这种状况是不满意的。首先出来打破僵化沉闷空气的是陈献章，他强调怀疑精神，提倡"小疑则小进，大疑则大进"。意思是，有了怀疑精神，敢于怀疑圣贤，敢于怀疑经典，才会有觉悟，才会有进步。王阳明继承并发扬陈献章的怀疑精神，开创了一场轰轰烈烈的思想解放运动。

在中国历史上，王阳明一直是一个被否定的人物。他活着的时候，思想学说被嘉靖皇帝斥责为"伪学""邪说"；后来虽然平反昭雪，从祀孔庙，依然是一个有争议的人物。二十世纪五十年代以来，又被贬为"主观唯心主义"，予以批判。

其实王阳明的事功和学术都令人刮目相看，他既是一个思想家，也是政治家、军事家。他官至南赣巡抚、两广总督，在平定宁王宸濠叛乱、赣南叛乱、广西叛乱中，战功卓著，无人可与之比肩。当然，他对于后世的影响，毫无疑问是思想家角色，中国近代杰出政治家都推崇他的思想。 他所建立的"阳明学"流传日本、朝鲜等国，至今依然熠熠生辉。不过，对于阳明学，人们各取所需，有的关注"致良知"，有的关注"知行合一"，我的切入点是解放思想。

我认为王阳明最大的贡献就在于解放思想，有两点应该细细琢磨。一点是：

> 夫道，天下之公道也；学，天下之公学也。非朱子可得而私也，非孔子可得而私也。（王阳明《传习录》）

另一点是：

> 夫学贵得之心，求之于心而非也，虽其言之出于孔子，不敢以为是也，而况其未及孔子者乎！求之于心而是也，虽其言之出于庸常，不敢以为非也，而况其出于孔子者乎！（同上）

这两段话，气魄宏伟而又逻辑严密，极具震撼力与说服力。以我的读史所得，在王阳明的前辈或同辈中，难以看到如此锋芒犀利的言词，如此深刻大胆的思想。其可贵之处在于，敢于向孔子、朱子大声说不。在朱熹思想成为钦定的主流意识形态的时代，敢于发出不同的声音，挣脱无形的网罗，强调无论求道还是求学，都应该出于自己的心得，独立思考，不要以朱子的是非为是非，也不要以孔子的是非为是非。他写的《大学古本》与《朱子晚年定论》，都是向朱熹发出质疑，他认为被当作科举考试课本以及标准答案的《四书集注》，是朱熹中年未定之说，有不少谬误，而且朱熹自己也觉今是而昨非。目的是引起人们的反思，不要盲目崇拜朱熹。扩而大之，他对传统经学也给予猛烈批判，他说经学不明于世，非一朝一夕之故，有的崇尚功利、邪说，这是"乱经"；有的专注于训诂、背诵，沉溺于浅闻小见，涂抹天下之耳目，这是"侮经"。所以他强调"学贵得之心"，不为经典词句所束缚："凡看经书，要取有益于学而已，则千经万典，颠倒纵横，皆为我之所用。一拘执比拟，则反为所束缚。"

王阳明的大弟子王畿、王艮把这种思想推向极致。王畿思想的精彩之处在于，始终坚信"学须自证自悟，不从人脚跟转"，如果不能自证自悟，一味跟随前贤的脚跟转，重复前贤的语录，是没有出息的；如果执着于师门权法，不敢超越，那就没有发展，没有创新，思想岂不成为一潭死水！自从宋代把《论语》等四书奉为"经"以来，四书的地位节节攀升，大有凌驾于五经之势。知识人对它顶礼膜拜，只敢亦步亦趋地注释，少有批评。王畿反其道而行之，直率地指出"《论语》有病"，并非"传神手笔"，"只记得孔子皮肤影像"。因此王畿被朝廷斥责为"伪学小人"。《明史》与《四库全书》都对他持否定的评价。从长时段的历史眼光看来，"掀翻天地""打破牢笼"，恰恰是他的最大贡献。李贽称赞这位前辈："人天法眼，白玉无瑕，黄金百炼。"

王门弟子中王艮是最为奇特的一个，出生于卑微的灶丁之家，文化程度不高。所以他主张"以悟释经"，耿定向把其解释为"六经皆注脚"，可谓切中要害。坚持朱熹正统思想的人，对王阳明及王门弟子非议最多的也正是这一点。东林书院的顾宪成是一位正直的学者，主张回归朱子学，非议阳明学。他对王阳明倡言"求诸心而不得，虽其言之出于孔子者，不敢以为是也"，给予这样的评价："阳明得力处在此，而其未尽处亦在此""其势必至自专自用，凭恃聪明，轻侮先圣，注脚六经，高谈阔论，无复忌惮"。顾宪成所说"注脚六经"，又具体化为"六经注我，我注六经"，他说："一则曰'六经注我，我注六经'，即孔子大圣一腔苦心，程朱大儒穷年毕力，都付诸东流已耳。"站在儒家经学正统立场，"六经注我，我注六经"显然有悖于经学的本义，或者说有离经叛道之嫌。其实，这是一种"原教旨主义"，势必导致抱残守缺、思想僵化。要想打破牢笼，自由思想，"六经注我，我注六经"是必然的选择。经典的生命力在于与时俱进，随着时代的前进，不断赋予新的解释，也就是王阳明所说，应当为我所用，不至于成为束缚思想的文字桎梏。

放宽历史视野，便不难理解。汉朝经学弊端丛生，经生们沉迷于繁琐的传注，只知墨守家法。不满于这种状况的士人，跳出原有的圈子，用道家思想阐释儒家经典，形成耳目一新的魏晋玄学。何晏、王弼用老庄学说解释《易经》《论语》，嵇康"不涉经学"，只读老庄，敢于"非汤武而薄周孔"，指斥"六经未必是太阳"。这样的魏晋风度，推动了思想解放，谱写了中国文化史上绚烂多彩的一页。作家木心在《哥伦比亚的倒影》中赞美道："滔滔泛泛间，'魏晋风度'宁是最令人三唱九叹的了；所谓雄汉盛唐，不免臭脏之讥；六朝旧事，但寒烟衰草凝绿而已；韩愈、李白，何足与竹林中人论气节。宋元以还，艺文人士大抵骨头都软了，软之又软，虽具须眉，个个柔弱无骨，是故一部华夏文化史，唯魏晋高士列传至今掷地犹作金石声。"晚明的思想解放浪潮，无论深度还是广度，都远远超过了魏晋。距离魏晋一千多年的晚明，出现"六经注我，我注六经"，不但不应该讥刺，反倒应该大声为之叫好。

晚明思想解放的潮流，到了李贽那里，推向了高峰。李贽虽然不是王阳明的及门弟子，也可以归入"掀翻天地"的王门弟子行列。他是王艮之子王襞的门生，可以算是王阳明的三传弟子。他认为，千百年来无是非可言，原因就在于，"咸以孔子之是非为是非，故未尝有是非"，因此，不必把孔子的是非作为衡量是非的标准。他还说："天生一人，自有一人之用，不待取给于孔子而后足也。若必待取足于孔子，则千古以前无孔子，终不得为人乎？"他把王艮的"六经皆注脚"发展为"六经皆史"。六经原本就是史书，被后人尊奉为"经"，披上了神圣的外衣，李贽主张应该还它的本来面目——"经史一物"。言简意赅，在理论深度上，丝毫不逊色于章学诚。当时的假道学打着周、程、张、朱的幌子，贩卖私货，嘴巴上讲仁义道德，心里面却想升官发财。对此，他极为反感，口诛笔伐，言词之尖刻令人惊骇："今之讲周、程、张、朱者可诛也！"朝廷因他"敢倡乱道，惑世诬民"，把他逮捕。他在狱中自刎而死，用坚毅的死表达对于当权派的最后抗议。明末清初的名士张岱说，李贽"不死于人，死于口；不死于法，死于笔"。也就是说，他并没有犯法，仅仅是他的"口"与"笔"闯了祸，成为专制体制所不容的思想犯。他的著作万历、天启年间多次被禁，但是始终在民间流传。顾炎武对李贽并无好感，却在《日知录》中如实地说："士大夫多喜其书，往往收藏。"反映了民间舆论的取向，并不以朝廷的旨意为转移，要喜则喜，要藏则藏，有思想活力的书是禁不了的。

五四新文化运动中，高喊"打倒孔家店"的吴虞，对李贽推崇备至，把他看作自己的前辈，写了洋洋万言的《明李卓吾别传》。他认为，李贽的学说与理想极其高妙，不肯依傍他人，他的文章对孔子屡有微词。自从王充《问孔》以后，二千年来，直斥孔子，他是唯一的人。吴虞"打倒孔家店"，显然受到李贽思想的影响。由此看来，晚明思想解放潮流，一直影响到五四新文化运动。现在有些人企图否定五四新文化运动"打倒孔家店"的历史意义，他们混淆了孔子与"孔家店"的区别。孔子的思想，经过从董仲舒到朱熹的改造，已经面目全非，"孔家店"贩卖的货色，并非孔子思想的本来面目。不打倒孔家店，如何建立新思想新文化？如何迎接"德先生""赛先生"？

二〇一六年一月十六日新华·知本读书会第三十七期

漫话《论语百句》

傅 杰

　　《论语百句》是《论语一百句》的修订本，《论语一百句》是十多年前复旦大学出版社组织的一套"悦读经典小丛书"中的一本。那套丛书都叫"一百句"，如邵毅平教授的《诗骚一百句》、汪涌豪教授的《老子一百句》、陈引驰教授的《庄子一百句》、陈正宏教授的《史记一百句》、韩昇教授的《家训一百句》、吴震教授的《传习录一百句》、李天纲教授的《圣经一百句》等。

　　《论语》称得上是影响最大的儒家经典，也称得上是最著名的中国古籍。所以写《论语百句》，我的压力很大。挑选名句来做讲解，讲解要全部是自己的心得完全没有可能，因为历代注《论语》的名家，从汉代经学家郑玄，到三国的玄学家何晏，到唐代的韩愈、宋代的朱熹，一直到现代的钱穆，他们都是各时代最顶尖的学者。前人都已经讲得很好了，如果为创新而创新，刻意标新立异，其实反倒可能越弄越糟，这样的情况已经不少见了。但是如果完全没有自己的特点，那么多《论语》的读本，为什么还要再出一本？

　　我想了很久，最后考虑借力，选了近一百句《论语》，每一句的解说都是找古人和今人的阐释或引用，把它们串起来，再加简要的点评与发挥。这样的好处就是读的时候可以看到《论语》的影响以及《论语》在古今文章当中的作用，每一节都类似一篇小杂文，也会比较好读。

下面我就通过几个例子，介绍一下《论语百句》中梳理的引文，然后再做一些引申。

为政与用人

季康子问政于孔子。孔子对曰："政者，正也。"

季康子是鲁国大夫里面势力最大的一家。大到什么程度？有一度鲁国的政权实际上就是季氏家族执掌的，季氏的权力已经超过了国君，是鲁国的实际执政者。季康子的父亲去世时，季康子还年轻。父亲跟他说，以后国家治理的担子就落在你身上了，碰到问题你去向孔子求教。季康子刚执政的时候什么事情都去找孔子，也就给了孔子阐发治国理政观念的机会。"季康子问政于孔子"，就是季康子问孔子怎么执政。孔子就找了一个同音词来回答他，"政者，正也"，"政"就是端正的"正"，自身足够端正，执政还有什么困难？我在下面引了《论语》里孔子相关的话，孔子还说过："苟正其身矣，于从政乎何有？不能正其身，如正人何？"如果你自身端正了，从政有什么难的呢？如果你自己不能端正自己，还想端正别人，那怎么可能？

古书中有一个春秋五霸中的齐桓公的故事。齐桓公时的国相是著名政治家管仲。齐桓公问管仲，我们国家不大，资源紧缺，但是那些官僚从着装，到饮食，到车驾，都要挑最豪华、最高级、最漂亮的，这样下去怎么得了！怎么才能改变这种状况？管仲毫不客气，直截了当地对齐桓公说，那些大臣其实都是跟你学的，你自己出门，排场要最大，穿得华丽，吃得奢侈，他们就会仿效你。什么时候你从自己做起，把标准降低，他们也就不会或不敢再那么淫靡无度了。齐桓公带头，这才在齐国建立起了一个节约型的社会。

白居易说"上开一源，下生百端"，在上面源头一开，下面会生出百端，这个源头的水就流到四面八方去了。所以"君好则臣为，上行则下效"，上面怎么做，下面的人就会仿效。然后白居易又说了两句很狠的话："上苟好奢，则天下贪冒之吏将肆心焉。"如果君王喜欢奢侈，那么贪污腐败分子一定会层出不穷，遍地都是。（《策林·人之困穷由君之奢欲策》）

读《论语》、注《论语》的古人一再重申："未有己不正而能正人者。"没有自己不端正，却能够端正别人的。前面是从正面讲的，你要自身端正，就可以起到模范作用。下一句是从反面讲的。季康子问孔子，国中盗贼太多，该怎么办？孔子对曰："苟子之不欲，虽赏之不窃。""子"是称对方，"欲"是指欲望。如果你作为执政者没有太大的欲望，即便奖赏老百姓去偷，他们都不愿去。老子说，正是"上"的租税过多，导致了"民"的忍饥挨饿；正是"上"的聚敛无度，导致了"民"的作奸犯科。

汉代有一位大学者叫刘向，我们现在有那么多书可以看，就是因为刘向组织了一个班子来整理国家的图书，在秦火之后复原了很多先秦典籍，他是文化史上很伟大的人物。刘向姓刘，是徐州人，一听就知道他是皇亲。他学问好，书看得多，对自己本家的执政者不满，觉得他们做得还不够好，所以就从《论语》《左传》《孟子》《国策》以及一些现在已失传的书里，挑选一些名言和故事，编成两部书，一部叫《说苑》，一部叫《新序》，用来给皇帝作执政处事的借鉴，所以后人说这两部书是他的谏言。

刘向在《说苑》里面明确地给出了一个逻辑链条："天子好利则诸侯贪，诸侯贪则大夫鄙，大夫鄙则庶人盗。"这个话很好懂，天子好利，诸侯就会贪；诸侯贪，大夫就会鄙，鄙是贪鄙，也是贪婪的意思。而当官的都贪，没地方没途径贪的老百姓就只好去偷了。"上之变下，犹风之靡草也。"《论语》里说"君子之德风，小人之德草"，上层的品行像风，下层的品行像草，风往哪里刮，草就往哪里倒。

清初陕西有个大思想家叫李颙，他把孔子"苟子之不欲，虽赏之不窃"这句话提到一个至高无上的地位，说这是"拨乱反治之大机，救时定世之急著"。李颙说上"不欲"则源清，君王没有欲望了，这个源头就清朗了。本源一清，它的支流自然就也清了，妄取的行为就没有了。各级官员都不随便拿老百姓的东西之后，"敲骨吸髓之风既息"，没有人再敲开你的骨头来吸你的骨髓，活不下去的民众都得到了复苏的机会。如果民众都能得到复苏的机会，能安居乐业，能上奉养老，下抚育小，没有后顾之忧，自然"各安其居，谁复思乱"，大家都能安居乐业，谁天生想做盗贼做土匪？

李颙引用《左传》里面的十六个字："国家之败，由官邪也；官之失德，宠赂章也。"邪是不正，歪风邪气盛行的国家之所以失败，是因为官员不正。官之所以不正是因为贿赂成风。正是因为官场上贿赂成风，所以民间才盗贼蜂起。从刘向开始到清代这一千多年间的时间里，这个逻辑是很多学者公认的。

哀公问曰："何为则民服？"孔子对曰："举直错诸枉，则民服；举枉错诸直，则民不服。"

除了论政之外，我们再来看一条孔子对任用人的看法。鲁国的最高统治者请教孔子"何为则民服"，怎么做老百姓才能服。孔子的回答是"举直错诸枉"，推举正直的人，把正直的人放置在不正直的人之上，老百姓就服了；反之，把不正直的人放在正直的人之上，老百姓就不服。中国古代一部著名的兵书《三略》里说："贤臣内，则邪臣外；邪臣内，则贤臣毙。"臣子分两种，一种是贤臣，正派人；一种是邪臣，不正派的人。"贤臣内，则邪臣外"，如果朝廷上都是正派人，那么邪臣就很难有立足之地了。哪怕他还能混，他至少也要收敛，装作认同于"正"，不能或至少不敢再肆无忌惮为所欲为了。但是如果"邪臣内，则贤臣毙"，整个朝廷上大部分都是邪臣，那么一个人想做贤臣都做不成了。这样的例子古往今来都很多，我们就不在这里举例了。

仁与孝

子贡问曰："有一言而可以终身行之者乎？"子曰："其恕乎。己所不欲，勿施于人。"

子曰："夫仁者，己欲立而立人，己欲达而达人。"

子贡是孔子学生中最聪明的，官做得好，生意做得好，书也读得好，堪称全才。他跟孔子的对话可以代表《论语》里面孔门弟子跟孔子对话的最高水平，其他学生听不懂的子贡能听明白，其他学生不方便问的问题，子贡可以旁敲侧击地去问，因为他聪明。子贡问曰："有一言而可以终身行之者乎？"是不是有一个字是可以拿来作为一个人终身的处世的准则？子曰"其恕乎"，宽恕的恕，孔子后面又加了八个字，"己所不欲，勿施于人"。孔子最提倡的是仁。仁在人与人之间的关系中体现为两点：从消极的方面讲，就是"己所不欲，勿施于人"，你不想要的东西，你就不要强加给别人，因为人性都是一样的；从积极的方面讲，你一旦有了地位，有了财富，有了能力，在"己所不欲，勿施于人"之外，还可以做到"己欲立而立人，己欲达而达人"，来帮助更多的人提升到比较高的层次。

周作人说：

　　我读英国捺布菲修所筹《自然之世界》与汉译汤姆生的《动物生活史》，觉得生物的情状约略可以知道，是即所谓禽也。人是一种生物，故其根本的生活实在与禽是一样的；所不同者，他于生活上略加了一点调节，这恐怕未必有百分之一的变动，对于禽却显出明的不同来了，于是他便自称为人，说他有动物所无的文化。据我想，人之异于禽者就只为有理智吧，因为他知道己之外有人，己亦在人中，于是有两种对外的态度：消极的是恕，积极的是仁。假如人类有什么动物所无的文化，我想这个该是的。（《〈逸语〉与〈论语〉》）

　　周作人的散文独具一格，常是不加雕饰自说自话的，但想法很明晰，用最简单明了的话，点出恕与仁的不同境界，这不是一般人都做到的。接下来他又继续自说自话："至于汽车飞机枪炮之流无论怎么精巧便利，实在还只是爪牙筋肉之用的延长发达，拿去夸示于动物，但能表出量的进展面非是质的差异。"既然是异于动物的文化表征，那也就是人类共有的特征。在东西方文明里，"己所不欲，勿施于人"，其实是普世准则。

　　大教育家蔡元培，是德国的哲学博士，精通中西方哲学，他写过《中国伦理学史》。中国以前输出华工到国外去，华工有的没有文化。蔡元培亲自写了《华工培训讲义》。蔡元培把孔子的"己所不欲，勿施于人"，跟西方人所倡导的自由学说联系在一起，认为两者意思相通。蔡元培说，人各自由，而以他人的自由为界。每个人都是自由的。什么叫自由？前提是不妨碍他人自由。例如，我有保卫身体的自由，不想受人的毁伤，我就不要去毁伤别人的身体；我有书信秘密的自由，不想受别人的窥探，我就不要去窥探别人的秘密；我不欲受人之欺诈，我就不要去欺诈别人；我不欲受人之侮慢，则我慎勿侮慢人……事无大小，一以贯之。所以说"己所不欲，勿施于人"的实质就在于权利平等。孔子的话很值得我们细心体会，可以从中受到很宝贵的教益。

但是，"己所不欲，勿施于人"，不能反过来变成"己所欲"就"施于人"。立人和达人，也不等于用自己的好恶标准强加给别人，尤其是当一个人有了权力，可以随便决定别人命运的时候，就更不能随便拿个人的好恶标准来要求他所管辖的人。

王蒙说过，"以自己为尺度衡量旁人是人最容易犯的错误之一"，"人的这种以自己的好恶为尺度来判断事情的特点几乎可以上笑话大全。一个母亲从寒冷的北方出差回来，就会张罗着给自己的孩子添加衣服。一个父亲骑自行车回家骑得满头大汗，就会急着给孩子脱衣服。父母饿了也劝孩子多吃一点，父母撑得难受了就痛斥孩子太贪吃"。王蒙当然不仅仅是在讲一般的日常生活，他说："你所喜爱的，你以为旁人也喜爱；你所恐惧的，你以为旁人也恐惧；你所厌恶的，你以为对旁人也十分有害。"而事实往往不是完全如此，甚至完全不是如此。

所以当一个人有了权力之后，作为家长可以随便给孩子发号施令的时候，作为老师可以随便给学生发号施令的时候，作为官员可以随便给百姓发号施令的时候，最好都能保持中庸，所谓无过无不及。这个我在书里举了例子，有兴趣的朋友可以参看。

"父母之年不可不知也，一则以喜，一则以惧。"

孔子还强调孝。

孝在中国古代不仅仅是一种伦理规范，还是一种政治守则，所以最高统治者提倡孝的力度很大。中国儒家经典有十三部，包括《周易》《诗经》《论语》等，历代皇帝亲自做注最多的，既不是《周易》，也不是《论语》，而是《孝经》。原因很简单，因为在家是孝子，在外是忠臣，一个人从小接受孝的教育，从小服从爸爸服从哥哥成了习惯，走上社会就不大会犯上，不会犯上当然就更不会作乱了。孔子提倡的孝相对来说是比较正常的。不同的学生问他什么是孝，他都有不同的回答。其中有一条特别好："父母之年不可不知也，一则以喜，一则以惧。"父母的年龄要记住，一方面值得高兴，一方面值得恐惧。父母的生日跟孩子的生日不同，是双重性的，一则是值得高兴，因为又高寿了一岁；一则值得恐惧，因为离死神又更进了一步。孔子对人的心理的洞察是非常深刻的。

伟大的德国诗人歌德写过一首诗《年岁》(*Die Jahre*)，说，年岁真是一个奇怪的东西，对年轻人慷慨，不断地给啊给；对老年人非常残忍，不断地拿啊拿，最后全部拿光。翻译德国诗歌，尤其是翻译歌德，中国的大家是冯至先生。冯先生八十岁生日的时候，别人祝贺他，他就抄了歌德的这首诗说，我其实不无悚惧，因为我正在感受到我的年岁在不断地被拿光。

钱锺书先生也不愿意别人给他祝寿，他说宋人有一句诗说得很好，"老去增年是减年"，增加一岁，值得祝贺，减少一岁，值得凭吊，一贺一吊，正好取消。"老去增年是减年"，相当于"一则以喜，一则以惧"的一个注脚。我们细品孔子的话，真是至理名言。

英国诗人奥登(W. H. Auden)曾说："历史上很多好书莫名其妙被人忘记了，真是可惜；但是没有一本书是莫名其妙被人记住的。"真正的名著被留存下来总是有理由有原因的。《论语》留存两千年，而且影响了那么多人，一定有值得我们去体会的魅力和常读常新的内容。《论语》可以从多种角度去解读，无论是对个人生活还是对社会生活，它都能给我们提供启发。《论语百句》借助前人的文字，在增加读者的阅读兴趣上做了一些尝试，希望给读者朋友们提供一些帮助，也希望得到读者朋友的批评。

二〇一八年四月十四日新华·知本读书会第五十九期

"茶禅一味"五题

郑培凯

一

一位懂茶的朋友问我,"茶禅一味"的历史脉络是怎么回事,是不是荣西法师(1141—1215)到中国求法,得到圆悟克勤(1063—1135)的开示,圆悟手书"茶禅一味"四字,由荣西带回日本,藏于京都大德寺,肇始了日本禅茶的历史?朋友曾拜托大德寺的管事人去查,回答是寺藏之中没有圆悟大师手书"茶禅一味"的墨宝,而这段传说或许是后人编造的。

当然是瞎编的,荣西与圆悟相隔一个世纪,怎么个开示法?佛法再精妙,总不会像周公入梦,在孔子的睡梦中开示吧。那么,传说是谁编造的呢?我查了查日本茶学资料,日本学者从来没有这么说过。淡交社出版的《茶道辞典》,有"茶禅一味"词条,说的是村田珠光(1423—1502)在大德寺修禅,体悟了禅道与茶道"不二一如"的精神,再经过武野绍鸥(1502—1555)及千利休(1522—1591)的发扬光大,逐渐(请注意,是"逐渐")成为日本茶道与禅道结合为一的表述。这三位日本茶道大家,生活在中国明代中叶之后,与北宋的圆悟克勤及南宋来华的荣西,相距三四百年。编造传说的人恐怕历史观念薄弱，才会混淆了宋代到明代的时间差距。

倒是在二〇〇三年中国出版的一本《茶道》中，指出圆悟大师写了这四个字，被日本僧人携带回国，传到大德寺一休宗纯（1394—1481）手中，成了日本代代相传的国宝。珠光在大德寺跟着一休习禅，继承了圆悟手书"茶禅一味"的传统。中国学者的推想，到了"百度百科"，居然摇身一变，成了确凿的历史事实："宋代高僧圆悟克勤以禅宗的观念和思辨来品味茶的无穷奥妙，挥毫写下了'茶禅一味'，其真迹被弟子带到日本，现珍藏在日本奈良大德寺，作为镇寺之宝。南宋末年，日本茶道的鼻祖荣西高僧两次来到中国参禅，并将圆悟禅师的《碧岩录》以及'茶禅一味'墨宝带回日本，于一一九一年写成《吃茶养生记》一书，成为日本佛教临济宗和日本茶道的开山祖师。"其实，大德寺曾经藏有一幅圆悟的墨迹，不是"茶禅一味"四个字，而是圆悟写给他弟子虎丘绍隆（1077—1136）的印可文书，与茶道无关。这幅墨迹原来藏在大德寺的大仙院，辗转到了一休和尚手中，一休转赠给珠光，成为日本禅道的至宝。这幅墨迹后来从大德寺流出，现收藏在东京国立博物馆，属于日本一级国宝。圆悟墨迹的流传，以讹传讹，居然成了"茶禅一味"，也真令人"叹为观止"。

"茶禅一味"在日本茶道史中，演变为明确概念，出现这四个字，是在村田珠光之后，逐渐发展出来的。追溯概念的源头，与中国唐代禅宗普及饮茶有关，与百丈怀海（749—

814）制定《百丈清规》的寺院喝茶规矩有关，更与赵州和尚（778—897）的"喫茶去"有关。赵州和尚的一句"喫茶去"，充满了禅机，不过，我们得记住，赵州和尚说的喝茶悟道，讲的是个人回到日常生活去悟道，不是进入茶道来悟道，与日本发展的"茶禅一味"在具体实践上是不同的。"茶禅一味"指出，茶道即禅道，禅悟可以通过茶道的体悟程序达到精神超升。这是要到十五世纪末十六世纪初（明嘉靖年间）才在日本成型的，而大德寺则在日本茶道即禅道的发展过程中扮演了重要的角色。

据说，珠光跟一休和尚在大德寺习禅，把参禅与吃茶视为一体，奠定了"茶禅一味"的基础。珠光的再传弟子武野绍鸥，后来跟随大德寺的大林宗套（1480—1568）参禅，并且推广珠光提出的"草庵茶"精神，发挥茶道的禅意。武野过世，大林曾为武野的画像题写赞语："曾结弥陀无碍因，宗门更转活机轮。料知茶味同禅味，汲尽松风意未尘。"此后，大德寺就一直提倡"茶禅一味"的观念，成了日本禅茶发展的重要基地。

总之，"茶禅一味"成为具体观念词，出现得很晚，概念的雏形来自中国禅寺茶道，却在传到日本之后，经历了长期的实践总结，出现了"茶禅一味"。

二

日本茶之汤文化协会会长仓泽行洋教授，是著名的茶学学者，二〇〇七年曾应香港商务印书馆之邀，来参加我主编《中国历代茶书汇编校注本》的新书发布会。仓泽先生温文尔雅，谈吐颇有古代学人之风，对日本茶学历史研究极为精湛，特别注意史实的考订，所以对我们出版一本详细考订中国历代茶书的工作，大加谬赏，以日本老派学者带有矜持的兴奋，说这是一部"不世出的精审著作"。其实，要说严谨与精审，仓泽教授探讨日本茶学的历史，那才是"有一分证据说一分话"，对茶道历史上的传说，经常提出质疑。

仓泽研究过村田珠光参禅的传说，怀疑珠光曾经跟随一休和尚参禅，更怀疑一休和尚赠送圆悟克勤的墨迹给珠光，就由此创始了"茶禅一味"传统的说法。他觉得传说与历史是两回事，历史是真实发生的史实，要有可以稽考的证据。传说可能是后人无中生有的想象，口耳相传，无从稽考，但能在后世发挥作用，影响视听。他明确指出，日本茶道从一休传道给珠光的说法，都出自后来一两个世纪的茶书，很可能是后人对茶道最初发生的向往，强加到一休宗纯与村田珠光这两位人物的光辉形象身上。例如，薮内竹心（1678—1745）的《源流茶话》说："珠光乃居住于南都称名寺的僧侣。他参禅于一休和尚，悟得教外之旨后，将作为参禅印可的圆悟禅师的墨迹悬挂于方丈之中，炉中煮茶，沉湎于茶禅之味。"这段记载，叙述了珠光向一休和尚参禅悟道的经过，以及得到一休印可，获赠圆悟大师的墨迹，得以悬挂在施展茶道的茶室中，展现了"茶禅一味"的精神，说得活灵活现。

同样的说法，在早一点的记载中也可见到蛛丝马迹，如山上宗二（1544—1590）的《山上宗二记》说道："圆悟禅师之墨迹，堺的伊势屋道和所有。该挂轴本是珠光从一休和尚那里获得的。茶道挂轴使用墨迹即始于此。"《宗湛日记》在天正十五年（1587）有记载，说千利休在闲谈中也提到这个传说。然而，仓泽指出，至今为止，从实证性的历史研究来看，没有任何直接的证据可以证实上述的传说。

有趣的是，传说中珠光从一休和尚得到圆悟墨迹，是因为他参禅悟道，获得一休的印可，所以一休把圆悟手书的墨迹传了给他，就好像五祖把衣钵传给六祖慧能的翻版。这里就出现了值得注意的传说形成模式，在口耳相传的过程中，历史人物、文物、事迹，出现了合乎想象与愿望的排列组合。从珠光参禅到"茶禅一味"的出现，最合乎后世茶人想象与愿望的发展程序是，珠光向一休大师学禅，因为一休不但是日本的禅修大师，还是家喻户晓的传说人物，由他把禅道传给珠光，发扬光大为"茶禅一味"的茶道，真是禅茶有传承，光芒万丈长。还有作为悟道印可的信物，就是编写《碧岩录》的圆悟克勤墨迹，甚至有人以为写的是"茶禅一味"四个字。

其实，以圆悟墨迹作为一休传道珠光的信物，本身就透露了编造传说的想象轨迹，一心想要在特定的时空拐点上，确立茶道即禅道的历史渊源。早先传布故事的日本茶人，或许都无缘见到这幅圆悟墨宝，没有细读圆悟书迹的机会，当然也就不清楚圆悟书迹写的是什么。这幅字的确可谓印可文书，却是圆悟印可他的弟子虎丘绍隆参禅悟道的文字，现在收藏在东京国立博物馆，与日本"茶禅一味"的源起毫无关系。北宋时期中国禅宗的悟道印可文书，居然摇身一变，到了十五世纪(相当明代中叶)，成了日本参禅的印可传说，用来支持茶道即禅道的传承，也真是难为了日本茶道的传人。

正式阐述"茶禅一味"的著作，在日本出现的时间比较晚，要到十七世纪末的《南方录》与十九世纪的《禅茶录》，是两三个世纪以后的事了。

三

讲日本茶道，一般总是举村田珠光为禅茶的开山祖，继之以武野绍鸥与千利休，从而开创了"茶禅一味"的传统。我多次指出，珠光、绍鸥、利休三位茶道大师在世时，从未明确提出"茶禅一味"这四字真言，只说过茶道与禅道有相通之处。也就是说，他们在发展茶道的过程中，融入了禅悟的精神，逐渐转化了日本饮茶之道的脉络，充满追求精神超越的悟道意识，同时也影响了后世的茶道仪节。不过，以严格的历史研究角度而言，"茶禅一味"四字真言的出现，是千利休弟子那几代人在江户时代总结的教训，虽然可谓之弘扬师说，却已经是珠光过世百年之后的事了。

珠光作为日本禅茶的开山祖，最重要的贡献，是超越了当时上层社会精英所沉湎的书院茶传承，脱离了室町时代茶道仪式的繁文缛节，以及对唐物茶器的怀古依恋，回归到禅宗一贯强调的简约美学，相信自己内心呼唤的自然审美品位。他创立的草庵茶，与幕府将军宫廷书院茶的华丽浓艳形成强烈的对比，把茶道审美的方向，从炫耀茶器与室内装置的金碧辉煌，转向内心修养的自然发抒，也就与禅道强调日常生活的精神相通，在担柴挑水之中可以发现美感的意义。

珠光曾写过一篇给弟子古市播磨法师的短文，讲茶道的精神，译文如下：

　　此道最忌我慢我执。嫉妒能手，蔑视新手，最是亵渎此道。须就教于前贤，只言片语皆须铭记在心，亦须提携后进。此道第一要义，乃化解和汉之境，至要至要，此事须用心。当今，初学者为彰显"冷枯"，争索备前、信乐之物，无凭无证，自以为珍，真乃言语道断也。

　　枯也者，谓能品味上好道具之美，从而在心底深刻体会其旨。如此则不假外求，无不得其"冷枯"之意。然而，未曾具备鉴赏与拥有珍品的资格，亦无须羡嫉他人所有。同时，无论个人多有修养，亦须记取本身缺陷，有所自律，此为至要。谨记自慢自傲即是故步自封，同时要有自信，否则难隮此道。语云，当作心之师，莫被心所师，古人亦如此说也。

珠光这篇短文讲了几个重要观点,可以视为日本禅茶的立意基础。首先,珠光明确指出茶有其"道"。此道的关键是心态开放,"最忌我慢我执",这是禅宗佛学与印度宗派佛学大不同处,因为吸收了中国原始儒家的精神,也就是孔子讲的"勿意、勿必、勿固、勿我",还要有"三人行必有我师"的态度。如此,在施用"茶之汤"的过程中,不断开放学习,就能超越习惯性自我认知的限制,进入神思翱翔的悟道境界。具体而言,是对日本本土与唐土舶来的文化,都要有审美的体会,而且有所化解而能包容,有容乃大。有了开放心态的"道"为指导,才不会像书院茶会那样以炫耀唐物茶器为目的,成了品赏珍贵茶器的集会,也不至于为了追求"冷枯",而一味强调本土产品,无视备前、信乐茶器质量低劣,敝帚自珍,实在贻笑大方。

其次,珠光对"枯"(kareru)与"冷"(hie)作了文化审美的定位,把品味茶器的美感,与品赏枯山水庭园与书画的枯淡笔调联系起来,更让人想到世阿弥《风姿花》探讨艺能,以"枯木逢春之花"作为表演艺术的极致。"枯"的境界,是简约美学的极致;"冷"的态度,是矜持审美的升华。要有开放的精神来理解茶道,切忌因循固蔽,绝不自大自傲,但同时要有自信,有强大的心灵才能登隮此道。要成为心的主导,绝不能师心自用,就如古来禅师所说。

没错,珠光是在说禅,茶道就是禅道。

四

一休和尚在日本是家喻户晓的传说人物，颇似中国民间传说中济公活佛与徐文长的形象，不修边幅，滑稽突梯，但又超尘出俗，充满智慧。日本茶道有个传说，认为"茶禅一味"始自村田珠光在大德寺向一休和尚学禅，遭到棒喝而开悟，肇始了茶道即禅道的传统。故事说得活灵活现，是说珠光因为传承了书院茶的规矩，对名贵的古董唐物茶器极具鉴赏能力，又视若珍宝，有一次正捧着爱不释手的名贵茶碗喝茶，一休突然大喝一声，举起手中的铁如意，一棒捶下来，把茶碗击个粉碎。在错愕的刹那中，珠光如梦初醒，从此大悟，觉悟到茶道的真谛是超脱世尘，不再留恋于物欲的牵挂。

这个故事很有戏剧性，也合乎想象中禅师开悟过程的风虎云龙气象，听起来过瘾，好像就该是一休和尚棒喝传道的桥段。可惜与历史的真实情况不符，人物、时间、地点都配不上套，只能算是姑妄言之的传说。由于大德寺传承宋元禅茶的渊源，人们想象"茶禅一味"的起源，不自觉就会想到大德寺，联系起相关的禅师与茶人，倒也无可厚非，就使得传说的形成有了着落。大德寺是大灯国师（宗峰妙超，1282—1337）创立的，他的师父则是南宋时期在径山寺学临济禅及禅茶规仪的南浦绍明（1235—1308），因此，大德寺习禅的传统既有禅道，也有中国传来的禅宗寺院茶道规仪。把著名的一休与珠光连在一起，以大德寺作为"茶禅一味"风云际会的联系点，也很容易让人姑妄听之。

一休宗纯是真实的历史人物，出身极不平凡，是室町时期后小松天皇的皇子，因宫廷斗争的影响，被迫从小出家，后来投入大德寺华叟宗昙和尚门下，在二十多岁的时候就已悟道，曾写过一首和歌："欲从色界返空界，姑且短暂作一休。暴雨倾盘由它下，狂风卷地任它吹。"据说他的"一休"法名，就是这样来的。正长元年（1428）华叟病故之后，他就离开大德寺，云游天下，成为一代狂僧。按照他过世后弟子撰写的《东海一休和尚年谱》，到了日本文明六年（1474），一休八十一岁（虚岁）时，受后土御门天皇的诏令，任大德寺第四十七代住持，但他晚年住在京都府京田边市的酬恩庵（俗称"一休寺"）。一休和尚与大德寺的关系固然密切，时间却可以确定在正长元年他三十五岁（虚岁）之前，与文明六年他八十一岁之后。传说珠光到大德寺向一休学禅，是在三十岁左右，已经浸润于幕府宫廷的书院茶道之后，大约在一四五三年前后，这时的一休和尚正浪迹江湖，与大德寺同门相互攻讦，处于关系破裂之时，不太可能回到大德寺向珠光传授禅茶之道。

倒是珠光受教于能阿弥，得以进出室町幕府的书院茶会，对他追求茶道超越精神有一定的刺激与启发。珠光出身于庶民背景，对日本民间文化的审美意境有相当的体会，感到书院茶会的贵族氛围不接地气，而模仿宋元宫廷茶道的精致点茶又过于繁琐，引发他融合高雅意趣与简约审美的契机，从寺院禅茶的规仪与民间艺能的修炼之中，得到审美鉴赏与禅悟超越的结合。室町幕府的足利义政将军，是贵族化书院茶的爱好者，同时也有独特的审美眼光，通过能阿弥的介绍，对珠光的简约茶道发生了浓厚的兴趣。在《珠光问答》一书中，有这样一段记载：

> 将军义政公，召珠光问茶事。珠光曰："一味清静，法喜禅悦。赵州如此，陆羽未曾到此。入此室者，外离人我，内蓄和德。交接相见处，谨分敬分，清分寂分，及至天下太平。"源公欣然，相逢恨晚。

这段话是珠光茶道"谨敬清寂"的来源，也是千利休"和敬清寂"四字真言的前身。更重要的则是，珠光认识到，赵州和尚"喫茶去"的禅意，是陆羽茶道未曾意识到的境界，也就是茶道不能只是茶的技艺，还得要有禅悦。

五

日本茶道集大成的千利休有个弟子山上宗二，曾被丰臣秀吉封为"御茶头八人众"之一，是当时著名的茶人。他的命运与千利休有点类似，都是因为个性耿直，坚持自我信念，忤逆了脾气暴躁的丰臣秀吉，遭到杀身之祸。在他过世前两年，写过日本茶道史的重要文献《山上宗二记》，其中不但明确提出茶道出于禅道的雏形观念，而且指出，村田珠光、武野绍鸥、千利休是一脉相承，展现了侘茶的精神就是禅悟："因茶汤皆出自禅宗，故茶人修行以僧人为准。珠光、绍鸥悉禅宗也。"

熊仓功夫写有《〈山上宗二记〉研究》，其中特别讨论了日本茶道传统中，"一座建立"与"一期一会"概念的出现及其意义。《山上宗二记》提到，武野绍鸥对初学茶道的人说："做好一个客人，主要在于'一座建立'，但具体做法很多是属于秘不外传的。""一座建立"的主要意义是营造出一体的氛围，有客观具体的茶室与茶席的环境，也有主客在施用茶汤时的精神交流，使参与茶会的客人进入一种艺能审美境界，可意会不可言传。书中还提到千利休的态度："当时宗易（千利休）则不愿意多讲这些，只是偶尔在晚上聊天时会涉及一点儿。早晚的'寄合'（日文'聚会'之意）使用新道具或举办切茶壶封的茶会时，自不必说，就是一般情况施展茶汤，从进入露地（茶屋的庭园）到退场，主客皆须以一期一度之参会心情来对待。"熊仓认为，武野对茶会的仪式规矩，要求"一座建立"，是比较属于艺能的审美感悟，而千利休则让茶会顺其自然，带有充满禅意的随兴与活泼，同时要参与者体悟"一期一度"（一期一会）的意义，是生命流逝中值得珍惜的聚会，刹那之中体会永恒。

千利休的另一个弟子南坊宗启记载了千利休的言行，经后人整理成《南方录》，在十七世纪末面世，其中有这么一个故事："有人出席宗易的茶会，问他：为什么你要亲自提水桶，往净手钵中注水呢？宗易回答说：在露地里，主人的第一个动作就是运水。客人的第一个动作是用水，此乃露地草庵的根本所在。净水钵的作用，是让露地中的问答双方，互相洗净世尘的污染。"故事的主旨是千利休规划饮茶的环境，精心设计经营茶屋与庭园，目的是为了隔绝尘缘，进入饮茶的清修境界，也就是禅宗精神超升的境。《南方录》还记载了利休的一段话："小茶室的茶汤，是指佛法修行得道的第一事。居美屋、食珍味为乐，乃世俗之事。居处以不漏为宜，饭食以吃饱为足。此乃佛之教诲，茶之汤的本意。运水、取薪、烧水、点茶，供佛、施人、自享、立花、焚香，皆是效法佛祖之行。"从这段话中，我们可以看到禅宗日用悟道的痕迹，搬柴、运水、吃饭、喝茶，饥来吃饭困来眠，一切顺应自然，不加意勉强，便可随缘悟道。

从珠光、绍鸥到利休，可以看到，唐宋寺院茶规与禅道简约审美观对日本茶道的启示与影响，但是，这三位茶道大师都不曾明确提出"茶禅一味"的理论。他们是以自身对禅修的体会，融入"茶之汤"，以实际经验的表现，促成了茶道与禅道相结合的历史进程。"茶禅一味"成为明确的理论，斩钉截铁咬定茶道就是禅道，不允许饮茶还有禅修之外的念想，把茶道当成是灵修的道路，一切仪式与程序都是宗教修行的过程，要到十九世纪初《禅茶录》的出现。此书一开头就说，"茶事以禅道为宗旨"，通篇都在阐述"茶禅一味"的道理，甚至强调没有禅意，就没有茶之汤："茶意即禅意，故除去禅意则外无茶意，不知禅味亦难晓茶味。"

到了《禅茶录》的"茶禅一味"，就成了彻底极端的宗教清修，不懂禅就不知茶味。好像人的感官都有碍灵修，只有通过禅修，才能尝到茶味，才有精神境界的茶味，生命才有意义。不禁令人疑惑，兼有精神性与物质性的茶饮，色香味俱全，有口感有喉韵，让涉及感官的六根得到审美提升，若是完全转化为宗教禅修，为什么还要喝茶？光是禅修，不就够了吗？

二〇一八年五月十九日新华·知本读书会第六十期

打开果核

——老子哲学与当代生活

汪涌豪

卡夫卡曾直言对老子思想的无限钦敬，称"老子的哲学是坚硬的核桃，我被它们陶醉了，但是它们的核心，却对我依然紧闭"。这个果核紧紧地封闭着，它是自我圆足不加旁求的；它的成就、它的感觉、它所有的意义都缩聚在一起，收拢在一起；它精光内敛，一般人很难接近它，甚至没有接近它之前，就已经有点目迷五色了。为了向前人汲取智慧，我们需要让它敞开，这就是"打开果核"。

但并不是每个人对着文本就可以打开这个果核的，等打开以后，也未必每个人都进得去。这需要今人和古人在一个平台上有效地交汇。

今天的生活已经很散文化，离人的精神越来越远。我们都说接受过去的熏陶，广义上说是接受人文的熏陶，但是"人文"是什么呢？对"人文"的解释有很多。其实，人文处理的是人的日常世界和价值世界的关系问题。

我们日渐沉沦在生活的底层，变得越来越机械、固定，我们所有的向往、追求、喜怒哀乐都统统被格式化了。尽管每个人都觉得我是世界上独一份的，我就是我，和别人不一样，但是我们的追求、向往、心底的那些梦都和别人一样，以至我们的打扮和装修出来的环境也是一样的。

所以，这个世界越来越雷同，雷同以后就非常乏味。当我自己做学问的时候，乃至于读《老子》《庄子》的时候，总希望在打开这个果核的时候能发现里面有我自己的东西。其实每个人读一个文本，都可以读出自己的东西来。也是因为这样的缘故，古代注《老子》的不下千家。后来不断地散失掉了，今天才留下三百五十四家。

我谈老子，是谈我所看到的老子，并不是教科书式的、权威性的，因为每个人的眼睛里面都会投射出一道特殊的光束，它照见的老子可以是别人所没有看见的部分。当然，这并不是说对于经典，人们可以胡乱解释，纯粹根据个人的感受。但经典的生命要延续，就必须和当代交互连通。而且因经典自身内容非常深广，它自带光环，是一个发光体，在这种交互连通中，它的思想足以光照当下人的生活。在读《老子》的时候，我自己感到最愉快的，是能真切感受到老子的思想不是过去时的，它不断在生长，不是站在遥远的古代，透过遥远的时空告诉我们真理，而是非常贴合当代人生活的、可以身体力行的智慧之源。

一

老子几乎是和孔子同时代的人。一般认为老子在前，孔子在后，孔子曾经向老子问礼，老子教训他不要多说话，太喜欢说话必然多说多败。孔子听了老子的教训后安静了很多，回去三天没给学生开课，因为他觉得自己碰到了真龙一样的人物。老子的高明让好为人师的孔子一下子安静下来。当然，也有人不这样认为，比如汉学家史华慈（Benjamin I. Schwartz，1916—1999）就认为孔子在前，老子在后。

众所周知，道家哲学是以老子和庄子两个人作为代表的。一般认为，庄子继承和发扬了老子的学问，就像孟子继承和发扬了孔子的学问一样。其实不能这样一概而论，因为老子和庄子之间还存在着一些重要的区别。不说他们言语方式很不一样——老子的语言是警句式、格言式、箴言式的，不多展开；而庄子则多用寓言、重言和卮言，展开得很丰盛。他们两个人的为人风格就不完全一样，一个老成持重，一个更近青年才俊；一个是史官或档案馆馆长，一个则为小吏。他们的知识结构和趣味也不一样，后世受到的待遇也不一样。老子的学说非常沉稳，非常凝实，每一句话都有多重性的意思，许多帝王引用其为执政的依据；而庄子的学说被许多读书人、艺术家欣赏，因为他讲得浪漫，讲得机敏，讲得汪洋恣肆。

如果要对道家的学说有根本的体认，必须从老子开始。当然我还要补充一句话，要对道家的思想有包罗万象的体认，可能光读老庄还不够，还要加上《列子》。

总的来说，道家的学说是由老子奠基的，老子的思想是道家哲学的核心部分。这也使得我们今天谈道家哲学，必须非常重视老子的五千言——《道德经》，也即《老子》。说起《道德经》，本应该叫《德道经》，因为长沙马王堆汉墓出土的帛书本《老子》就是《德经》在前《道经》在后。"德"指一物之所以成其为一物者，"道"指万物变化发展之规律。先讲一物，再讲万物，所以叫"德道"。只是现在约定俗成叫《道德经》。

老子所处的那个时代，有个叫柏矩的人从其学，曾请求老子同意其游历天下，老子说算了，天下就像这里一样，因为其时世道已经不行了，亟需要人拯救。春秋末年的时候，天下分崩离析，周王朝的共主地位已经不存在了。那时没有拢系各个邦国的力量，各诸侯国都想重新聚拢天下，这是一个重新洗牌的过程，是为韩非子所说的"大争之世"。因为当时社会乱了之后，每个人要重新上岗，所以绞尽脑汁地发挥聪明才智，使自己的东西形成一套学说，有的留下来了，就成为诸子百家。

那么孔孟的学说为什么不能被人君执行呢？因为孔孟老爱说何必曰利，亦有德在，有仁义在，这种迂阔不周事情的主张根本不适合当时"大争"的世道。老子当然也是反对争的，但他想在根本上解决这个问题。他知道，要从根本上解决这类关乎人性的问题，非自己一个人所能，所以他对人世是很绝望的，所以对柏矩说，天下已经这样了，就算了吧。

我们知道，老子的趣味和孔子是不一样的。孔子心系的是日用伦常中的人生，而老子心心念念的是天地大化中的人生。他觉得争权夺利，乃至心系日用伦常，现实世界、此岸世界的功业，是不行的，这样会把自己的格局做小了，应该脱开出去，追求天地大化中的人生。儒家总是把人放在社会生活的秩序里面，所以说要人正心诚意，然后才能修身齐家治国平天下。老子不这样，他常把一个人放在宇宙的生命秩序里面，所以不讲正心，而讲静心。沉浸在生活秩序里面的人，如果一下子被超拔到宇宙大化当中，会觉得自己的人生在历史长河中是何其渺小，这样就会觉得争名夺利毫无意思，就会看开。

还有，儒家讲的是为人之道，它告诉你怎样才是好人，怎样做一个君子。而道家讲的是为生之道，是怎样维持一个好的合理的生命。儒家的为人之道的确奠定了中华文化的根基，显得非常深厚；但是老子的为生之道也极大地拓展了中国人的视野，使中国人显得更加超迈。

老子思想中蕴含着丰富的哲学智慧，这些智慧对当代生活仍然有重要的影响。首先来看他对生与死的论说。生与死的问题，在西方人看来似乎是不值得讨论的。古希腊的伊壁鸠鲁就说："死与我们活着的人毫无关系，因为我们活着的时候，死并不存在，当死亡来临时，我们又不存在。"奥地利哲学家维特根斯坦也曾说，"死亡不是生命中的任何一个事件"，因为"我们不会活着学会死亡"。所以，生和死分途，活着的时候谈论死亡是没有意义的，死的时候人已经不在了，又何以谈论死？但是中国人不这样认为，中国人觉得悠悠万事，唯此为大。且生死问题，主要落实在"死"，"死"才是个真问题。因为"生"不是人能掌控的，而"死"才是每个人必须面对的重要功课。

但中国人对死很是畏惧，中国哲学大都回避谈论死。孔子说："未知生，焉知死。"所以只能把它悬置起来。而老子哲学是"出生入死"的，经常涉及生死问题，并能够公开地充分地谈论。在老子看来，一个人应该以平常心看待生死，生的时候好好"卫生"，死的时候则要"顺死"。"卫生"就是保护生命，"顺死"就是顺应生命的节律，安然地走向死亡。

如何做到"卫生"与"顺死"？儒家重孝道，主张厚葬；墨家重节俭，主张薄葬，因为墨家代表的是底层小人物；老庄很干脆，主张不葬，顺其自然。生死既然是自然的事情，就不必过分悲喜，不要厚葬，也不要薄葬，就自自然然地来去。《庄子·列御寇》曾说：死后陈尸地上，会被乌鸦和老鹰吃掉，埋到地下，会被蝼蛄和蚂蚁吃掉，如此从乌鸦和老鹰口中夺食而送给蝼蛄和蚂蚁，不是太偏心了吗？大意如此。老子更有一句很有名的话："人之生也柔弱，其死也坚强。万物草木之生也柔脆，其死也枯槁。故坚强者死之徒，柔弱者生之徒。"小孩子刚生下来的时候，身体是很柔软的。人活着时身体也是柔软的，而死后身体就僵硬了。民间说"这个人死翘翘了"，其实就是说人死的时候是直挺挺的，很硬很重，搬都搬不动。草木刚长出来的时候，一株小苗柔软地随风摆动，枯黄的时候则直挺挺地倒在田埂上。万物活着的时候是柔软的，而死后却是枯槁僵硬的。所以，应该柔软自己的身段，柔软自己的生活态度，包括自己的处世方式和生活准则，如此才能保持长生。如果遇事一味认为自己是真理的代表，固守既有原则而不知变通，不懂事急从权，那必然是要吃大亏的。

这个"贵柔"的道理是老子的老师常枞教给他的。常枞曾在临死前问过老子三个问题。其中之一就是张开嘴巴问老子舌头还在吗，老子看了说还在。又问牙齿还在吗，老子说没有了。常枞说，你看那些软的东西还在，硬的东西都没有了。 这让老子印象深刻。

再说动与静。老子说："致虚极，守静笃，万物并作，吾以观复。"守"虚"，虚到极点；守"静"，静到极点，然后万物并作以观复。何为"观复"？即看到事物发展的起点，看到万物从哪里来，又归向哪里。万物是从静到动，从静当中来；万物又是由动而静，最后归向于静。可见动是一个充满偶然的过程，静是永恒的起点和终点。既如此，那么人应该守动还是守静呢？当然应该守静。此所谓"重为轻根，静为躁君"。我们可以想一想静的重要，以及它带给人的好处，譬如静可以益智，因为静下来了就可以读书思考，增加智慧，正如古人所说，"万物静观皆自得"。静还可以制动致远，因为一个人如果每临大事必有静气，就能不急躁、不虚怯，平稳妥帖地处理好事情，是谓"思深谋远"。静还可以养生，七情伤身，一个人心不静的话，就会生出各种各样的毛病。另一方面，人的心里难免有欲望，有的人虽是平凡的肉身，却常怀成仙的梦想。如何做到静？对此，老子的回答是"不欲以静"。当然，一个人没有欲念是很难的，故"不欲"就是欲望不要超过自身能力所能达到的极限。但是很多人都怀有超过自己能力和环境水平的大愿，有了这种欲就不能静了。所以老子主张人应该"心如死灰"。其意不同于今天我们所理解的，而是说内心平静到无可复燃的状态，即静寂的状态。

再说巧与拙。中国人自古就反对弄巧，孔子说："巧言令色，鲜矣仁。"一个人只是能说会道，甚至言过其实，是中国人素来讨厌的。不仅孔子讨厌，韩非子也讨厌，《吕氏春秋》对这种人也有否定。当然，老子也讨厌巧心、巧舌、巧伎，对这些都是持否定态度的，但他向往"大巧"，即真正的巧，它看上去平实淳朴，其实含藏着深不可测的智慧。是谓"大巧若拙"，其情形一如"大辩若讷"。一个人其实辩才无碍，但他平时说话常常讷讷于言，好像讲不出什么东西。老子提醒你，对此千万不要小瞧了，这正是他所崇尚的"大辩"。"大巧"也如此，表面看似拙，其实"拙中见巧"。具体表现为，一个人在讲问题的时候能抓住中心，不展开其余；看人的时候能取一个人的根本，而不为其他外在的东西所迷惑；做一件事的时候也是同样。

除了巧与拙之外，还有虚与实。老子重虚甚于重实。一般人觉得实更重要，老子恰恰认为虚是很重要的，为此曾说："圣人之治，虚其心，实其腹，弱其志，强其骨。"一个人要填饱肚子，强健体魄，但心志要虚、要弱。这是什么意思呢？每个人出生后，不断接受教育，有了许多直接知识和间接知识，这些都积累在人脑子里，构成哲学上所谓的"前见"。但如果脑子里塞满了前见，就吸收不了别人的意见，特别是批评性、否定性的意见，那么前见就会变成偏见和成见。老子重虚，是要人敞开胸怀，始终虚一部分，这样才可以接受不同的东西。也就是说，只有虚，才能容，既能容物之生，也能容人之长，这样才能涵养生机，发展无穷。就像山谷是中空的，中空才能集贮雨水，凝蓄阳光，有了水分和阳光，植物就生长起来了，鸟兽就飞来了，人也可以在山谷里找到吃的，或打猎或采集果子了。

做人也是这样。古代有个器物，叫欹器。"欹"就是歪斜的意思。这个欹器是什么样的呢？一个平台，上面有两个杠子顶起一个铜罐，铜罐有两个耳，两个杠子把它固定住。铜罐是空的，可以盛水。但如果盛满了水，就会倾覆；如果是全空的，也会倾覆；只有半满的时候，罐口才稳稳地朝上。这个东西最早见诸《荀子》的《宥坐》篇，"宥"即"右"，可见它是被古人当作座右铭看待的，孔子在鲁桓公庙中见之，曾由此感叹"恶有满而不覆者哉"。明白点出了"虚"的道理。那什么时候是你半满的时候呢？这就要拿捏，就要靠修养了，需要人认识自己，找到自己。老子主张虚重于实，所以教导人要处下、不争、包容。不要十全十美，避免走到极点，以至走向事物的反面。

最后是关于美与丑的问题。儒家说美善相兼，如果不善，光有外在的美也是不可取的，只有美善相兼，才是真美。老子别有理解，他承认美是有独立性的，为一客观存在，曾说"美言可以市尊，美行可以加人"，即美好的言辞可以换来人们的尊重，美好的行为可以感化众人。可见老子是承认美具有独立的本位与价值的，但尽管如此，他对美仍存有戒惕之心，为其常被人错认与误信。他称"信言不美，美言不信"。真正好的话，不是那种甘言、美言，相反是很朴实的话。所以他经常喜欢用"朴"和"素"来界定自己所说的美。认为好的美最后都走向"朴"，此即所谓"复归于朴"。以后庄子继承了老子的观点，主张"既雕既琢，复归于朴"。真正的大美是一种朴素之美。"朴"是什么？就是一段原木，上面没有任何人工的痕迹。"素"是什么？就是一块白色的丝绸，上面没有任何的图案。生命真正的原始状态是最美的东西。对原始状态的东西加以修饰，目的是要使原始本真的美更充分地展示出来，而不是把它掩盖掉。

所以，老子不赞成世俗所追求的美，而世俗认为丑的那种朴素之美恰恰是他所崇尚的。老子的这个观点，后来由庄子生发开去，讲得更彻底。庄子说，卫国有个很有名的丑人叫哀骀它，他皮色很不好，跛脚驼背，还哭丧着一张脸，反正很难看。但他德行好、学问大，所以男人一看到他就想和他做朋友，女人一看到他就想嫁给他，鲁哀公一看到他就想把国政交给他。庄子通过这个极端的例子是要告诉人，千万不要看一个人的形貌，而要看这个人的德行，所以说"德有所长而形有所忘"，当这个人德行有所长，就应该忘记他外在容貌的缺陷。但很可悲的是，人不能忘掉他所应该忘掉的那个形，而忘掉了他所不应该忘掉的那个德，"此谓诚忘"，即这才是真正的忘性大呀！中国历史上的那些伟大人物，从老子、孔子开始，包括许多高僧大德，似乎长得都不怎么好看。难道中国古代的伟人贤人真都长得不好看，甚至很难看吗？不是的。古人是通过这样的方式告诉人，应该重视他们了不起的德行和事功，而不应该太在乎他们的容貌。但是世人就是不懂得美丽只如皮肤之浅，只重视外在的包装，而不在意内在的美质。这种浅识让老子很痛心，所以在美丑的问题上，他要突出丑。

通过辨析这些概念，我们可以看到，老子的学说经常是和一般人反着来的，这是因为一般人只看到事物的正面和表层，而老子看到了事物的背面和底层。一个人应该从事物的外在看到事物的内里，哪怕这个内里提供给你的信息和你原来的知识是相反的。越是相反，越会让你思考。当你去思考何以相反的原因时，会获得一份阻抑性的驱动力，因此长一份见识，增一份修养。所以我们看问题，需要经常有一个不一样的声音在你耳边不断提醒。如果一个人耳边没有不一样的声音，他是很容易走错的。

那个耳边的声音，有的时候是你自己提供的，通过读书或阅历；有的时候是你的亲人、朋友提供的。当别人提供给你这种声音时，你要谦虚地倾听。许多的错误都在于你不注意倾听来自别人或自己内心的声音。老子哲学就是提供给你的另一种声音，其实是提供给你观察事物的另一道光束。一个人看问题，由于长期的生活习惯，经常会从一个熟悉的角度出发。这个时候，你是一个平常人。如果你能从不同的角度去看问题，才是一个非凡的人。举一个例子，比如女孩子梳妆，小户人家有一面镜子就不错了，穷人家的只能河边打水时照照脸，但大户人家的小姐不同，不仅前面一面镜子，后面还有两个甚至三个丫鬟，拿着镜子站在两侧与背后，这个时候，她看到的是一个立体的自己。一个人要看透问题也如此，需要多边互镜，有不同的参照系环衬在你人生的四周，这样你才能看清问题的本质，才能看清真正的自我。道家就是这样，经常站在你不了解的角度提醒你，让你认识事物的多个方面。正是它对一个事物投出了别样的光束，才照亮了你平时不留意的地方。

二

今天，《论语》和《孟子》讲的道理，国人耳熟能详，因为它们是讲人怎样在一个社会秩序里面生活。道家老庄无意在社会秩序里面安顿人心，而是希望在一个更广大的自然秩序里面安顿人心，所以有些话今人略感陌生，甚至费解。还有，儒家是在形而下的层面讨论人的问题，特别是人的道德问题；但道家是在形而上的层面讨论人的问题，且这种讨论更彻底，常常超越了社会的领域，进入到哲学，甚至审美的领域。所以，道家老子哲学有一种独特的思想魅力。

它首先表现为好对一切存在作最彻底的反思与批判。老子是一切存在最彻底的反思者与批判者，是中国历史上对既有文明作认真反思的第一人。他能够超越一切的知识体系和意识形态的限制，用一种超拔的高度，站在人生的边上反思人生，用冷峻的眼光来怀疑一切。德国哲学家赫伯特·曼纽什（Herbert Mainusch）认为，《道德经》是一部涉及范围广泛的怀疑论著作，其要旨是阐述人类理性的局限性，以及人类种种价值和道德的相对性。林语堂也曾说过，如果说孔子的哲学是一大肯定的话，那么老子的哲学就是一大否定。

在一个不完善的社会里面，批判者是要有勇气的，是了不起的；在一个欠完善的社会里，怀疑论者通常是最具智慧，也是最冷静的。那么老子如何是一切存在最彻底的反思者和批判者？首先他有一种反智的诉求。他的五千言对既有文明是抱着审慎的怀疑态度的，以至于主张"绝圣弃知""绝仁弃义"和"绝巧弃利"。认为如果做到这样，老百姓就好了，天下就太平了。他甚至还说民难治是因为智多。"故以智治国，国之贼；不以智治国，国之福"。从表面上看，这近乎鼓吹愚民政策，但其实是将矛头直接指向统治者，意思是说统治者太聪明了，整天直接间接地教百姓那些诈伪不诚的东西，把人性都搞坏了。所以他才说"为学日益，为道日损"，并认为人最应该做的是"绝学无忧"。显然，这不是一种愚民政策，而是一种观念上的反智。这个反智和西方的反智主义是不一样的，但也有共通的地方，就是有鉴于文明的诈伪，对知识进行审视、提出质疑，而不是说要推倒文明本身。其诉求里面，包含的是对已有文明的反思和批判。

其次有反道德的指向。关于道德，儒家谈论得非常多，墨子、法家也讲，而老子很少讲。老子说："大道废，有仁义；智慧出，有大伪；六亲不和，有孝慈；国家昏乱，有忠臣。"什么东西讲太多，就说明什么东西缺乏，乃或压根儿没有。老子甚至说"上德不德，是以有德"，一个在上者不老把道德放在嘴上，这个在上者才是真正有德的人。"下德不失德，是以无德"，一个在下位的人整天把道德挂在嘴上，反而会变成一个无德的人。"道之华，愚之始"，道德被说得天花乱坠的时候，恰恰是老百姓变愚昧的开始。

老子对道德的批判是很有道理的，他甚至说："夫礼者，忠信之薄而乱之首。"即礼教的设置不仅恰恰说明忠信已经非常不足了，而且还是祸乱社会的罪魁祸首。这让我想起哲学家爱默生说的那句话："社会的道德乃圣者之恶。"道德其实是一种个人的修行，但是那些圣者往往热衷把道德推展为一个运动。道德固然可以推展为运动，但那应该是一个关乎个人的运动，当道德成为一种社会化的集体性的运动时，道德必定会走向反面，这就是我们通常讲的道德绑架。爱默生的话真可以和老子对道德的批判互相呼应。

老子还反对一切有为。《道德经》五千言几乎全在说无为。"道常无为"，所谓道的本体是无为的，它的属性是无为的；"上德无为"，最好的德行是无为的；"是以知无为之有益"，所以可知无为才是最有利于人的；"无为者无不治"，如果无为的话，就可以平治天下；"无为故无败"，如果无为的话，就不会失败。以后，庄子把话讲得更彻底，认为有为反而会坏事。圣人就经常有为，所以"圣人已死，则大盗不起，天下平而无故矣。圣人不死，大盗不止"，"绝圣弃知，大盗乃止"。在中国的文化里面，从来没有谁这样堂而皇之地将伟大的人物和强盗紧密地联系在一起。此外，老子讲"多言数穷，不如守中"，或者"治大国若烹小鲜"，也是一个意思。

老子哲学的魅力还表现在对现实人生的热忱究问和践行上。老子可称是现实人生最热忱的究问者和践行者。庄子曾经讲过一句蛮有意思的话："中国之君子，明乎礼义而陋于知人心。"说的是孔子。"中国"古汉语指"国中"，他说孔子对仁义礼智信这些大道理很精通，可称人所共知，但是对人性之精微就搞不大清楚。老子不这样。老子对社会、对人生、对人性的思考非常广阔，非常深入，对一切问题的思考都是基于人安身立命的角度的。

首先谈谈他对自由的确认。自由是什么？自由是一个人与生俱来的权利，具有无需证明自己存在的天然的合法性，但是对自由的任何限制却需要证明其合法性，而且证明的标准只有一点，就是它出台的目的是为了更有利于保障每个人的个体自由，这是世所公认的认知。

道家所推崇的自由比较彻底，比较接近这个认知。为了确保个体的自由，他主张"道常无为而无不为。侯王若能守之，万物将自化"，所谓"自化"即自我运化，自我改化。又说"我无为，而民自化"，如果在上的统治者没有那么多苛严的死规定，老百姓就会自己向善的方向去改化。"我好静，而民自正"，如果统治者好清静守正，老百姓的行为自然向一个正确的方向去发展。"我无事，而民自富"，如果统治者不折腾，老百姓自然会走向富裕。"我无欲，而民自朴"，而当统治者不是充满物欲、权念乃至色欲，老百姓自然就会归于淳朴。

可见，老子崇尚自由，崇尚那种具有"自化""自正""自富""自朴"能力的自由主体。后来庄子把话讲得更为彻底，甚至要人为了维护个体自由，不被任何人所用，选择不做千里马。伯乐相马的故事为人所熟知，伯乐名孙阳，曾经替秦穆公相马。所谓挑千里马的过程大概是这样的，先挑出一百匹马，烧掉杂毛，理剪鬃须，修脚钉掌，火印打号，这么一折腾，二三十匹马死掉了，然后对剩下的马再作考核，譬如奔跑能力或耐力如何等，再刷掉一批，最后剩下十匹马。当它们被戴上千里马的桂冠，和主人相遇的时候，庄子说它的不幸开始了，因为它从此再也见不到广阔的世界，失去了驰骋的自由。

庄子继续说，人不能"丧己于物"，在外物中丧失了自己，不能"失性于俗"，在世俗中迷失了自己的个性。"丧己于物，失性于俗"的是什么人？是"倒置之民"，就是用头走路，而不是用脚走路的那种笨伯。

所以老庄的自由观念很了不起。在儒家所说的"从心所欲，不逾矩"中，人很难有真正的自由。儒家的繁文缛节很多，它要削弱人的个性以适应社会，不像老庄哲学，是要求社会以最大的善意和包容来照顾个人。儒家有"五品"：父子有亲，君臣有义，夫妇有别，长幼有序，朋友有信。这些固然是必须的，但它还要求人"食不言，寝不语"，乃或规范人手眼声法的"九容"等。道家从来没有这些死规定。

与崇尚自由相联系，老子还努力破解功利。先秦时，士人因为社会变乱须重新上岗，纷纷兜售自己的主张以邀主人的赏识，这就是诸子百家的争鸣。孔子、孟子周游列国都是为了求得岗位，在没有求得之前，难免被人讥为"丧家犬"。因此儒家讲"三不朽"，立德、立功和立言，都不脱功利。当然，所谓的功利在很大程度上是有道理的，因为有用。但这里面有个很重要的问题，就是度。你不能太求有用，因为如果太求功利，就会违心违理，就会虚伪不诚。故为了破解功利，道家提出"为善无近名，为恶无近刑"。老子更为说明过求有用的不当，举例说："三十辐共一毂，当其无，有车之用。埏埴以为器，当其无，有器之用。"车毂通常有一个车轴，车轴有空的地方可以把辐条塞进去，然后转起来，而辐条之间也须是空的，这样小石子可以从辐条当中穿过去。如果车轮是一块平板的话，水、泥与石头一撞击，这个车轮就变形了。制作一个陶器，当中也必须是空的，这才是个罐子，才可以用。所以你以为没用的空，恰恰成就了你所谓的有用。"有之以为利，无之以为用"，要把这个"有"化为效益，不能光惦记着有用，有时候恰恰是无用的东西才给你大用。更何况，现实生活中许多东西不是以"有用"与"无用"来衡量的。有些东西离实用很远，但是离人的情趣很近。"有用"与"无用"的选择，归根结底还是要看你到底要发展生活中开疆拓土的实力，还是重视在心里开疆拓土，以使心灵宽广且安宁。

庄子在老子的基础上说得更彻底了。他说有一只鼻孔上翻的猪，有一头额头发白的牛，有一个身上生疮的人，这些动物和人因为长得丑，才活到天年。一棵歪脖子树，不是好木料，但可以太太平平地生长着；一棵挺拔的树，非常不错，但难免被砍倒的命运。所以庄子说"知无用，而始可与言用矣"。就是只有领悟到无用的妙处，才可以适当考虑有用。你心里的基调与底色必须是无用，然后才可以适当地根据环境的不同，求取有用，这样你就知道不必老是去跟别人比，老是去开拓你的外在，一个人再怎么开拓外在都是有限的。

于此可见道家对世道人心的拯救。鲁迅在《汉文学史纲要》中说:"老子之言亦不纯一,戒多言而时有愤词,尚无为而仍欲治天下。其无为者,以欲无不为也。"说老子言语里颇多愤激之词,说的是无为,其实想平治天下,所以从根本上说是想无不为的。鲁迅的话当然是深刻的,老子的书确曾被人当作兵书,更被许多统治者用作治国的宝典。他的学说里面也确实有救世的用心。暂且不说兵书、治国,至少老子学说是要人懂得调适人和自然的关系、人和社会的关系、人和他人的关系。最重要的一点是,它还特别注意要人调适人与自身的关系。人怎样处理和自身的关系是最难的,只有保护自己既不为外物所伤,又不为自己所伤,这样才能身心平和,得享太平。

三

再说说老子的辩证法思想。老子认为任何事物都有它的对立面,都会在一定的条件下相互转化,此所谓"反者道之动"。所以他说,天地从来不努力追求长久而自能长久,这是关于自然的辩证法。水本来是柔弱的,但是能把最坚强的东西冲垮的也是水,这也是自然的辩证法。生活当中也处处有辩证法。如"甚爱必大费",你太热衷名位,或财货美色,就肯定会耗费许多的心智,可能还耗费许多的善良。又如"甚积必厚亡",你积累了许多财富,你不断地想占取,以为可以保存下来,传递下去,结果你不成器的孩子就把它们"厚亡"掉了。因为如果你的孩子是个好孩子，所谓贤而其才，这样会折损他的志向。如果你的孩子不长进，所谓愚而多财，则会益其过，就是加重他的罪恶，他一定会拿这些钱财去为非作歹。所以你积累财富越多，败亡得就越多，这个"亡"还包括精神上的失望。

老子还说："圣人后其身而身先，外其身而身存。"圣人只有把自己放到后面，才有可能真正走到众人的前面；只能外其身，把个人的嗜好和享受排开，他的身体才能保全。即圣人只有做到无私，才能成其私，这又可视作君王的辩证法。其实每个人都有私心，但为了实现你的私心，你首先要做到无私。治理国家的国君不要有自己的私心，要以天下人的心为心，这样才能俘获天下人的心。像这样的君王辩证法，以后被胡适称为"革命的哲学"，章太炎也因此认为老子的学说可以引出自由平等的观念，严复甚至认为老子的学说可以为民主治国之所用。

要之，老子总是很辩证地看问题，试图在根本上解决人的迷失。看破了这些东西之后，你还会争权夺利吗？自然不会了。所以老子总是从根本上解决问题，而不是解决某一个具体的问题。他的许多命题和概念都是形而上的，关联着宇宙观和自然观，而不仅仅是形而下的、伦理的、道德的。也正是从这个意义上说，西人对道家哲学的评价好过对儒家哲学的评价。他们认为儒释道三家共同构成了中国文化的主干，没有特别的高低之分。但是从哲学的角度来说，显然道家更纯正，因为它有本体论和形而上学，而儒家至多只能算道德哲学。

最后说老子对人的精神世界的体认和开拓。老子是人精神世界最积极的体认者和开拓者，他让人舍弃身边的生活，特别是舍弃身边正在流行的生活，而过纯粹的精神生活。人需要隔开现实的烟火，在某一个时段，把自己交给一个神圣的时刻。所以，他教你建立一个完整的精神世界，从而进入平静。

为此，老子特别讲究相对性。老子说："唯之与阿，相去几何。美之与恶，相去若何。""唯"是下面的人对上面人的应诺。"阿"是上面的人对下面人的呵斥。这个怎么会没有区别呢？一个是赞同的声音，一个是否定的声音，这两者之间没有差别吗？但老子告诉你，这两者没什么差别。"美之与恶"，好看和不好看，没有差别吗？但老子认为也没什么差别，他这样说其实是想告诉人，这种种的差别关乎人所取的价值判断，而这些判断都是相对形成的，并会随环境而改变。庄子发挥了老子的说法，称"厉与西施，道通为一"，厉是古代"恐龙"级的丑女，西施是我们所知道的大美女。庄子说这两者是一样的，并认为天下万物"自其异者视之，肝胆楚越。自其同者视之，则万物皆一"。

要之，老庄齐一是非，是要使人明白，人应承认事物之间的区别，而不要轻易更动这种区别。不要为了更动这种区别就另立一个标准，因为这个标准是外来的，是强加到对象身上的。这看似有点近于相对主义，却可以让人把问题看得更超脱，让人摆脱利益或道德的考究，更客观冷静。所以这种反对一家一姓的是非和礼仪等差给人带来的差别的想法，是很有意义的。

此外，老子还特别能体认人的表达的局限性。人的认知规律是这样的，脑子里面什么想法都有，一团乱麻，无法梳理。真要说清楚，就必须用线性思维，首先、其次到最后，依次展开。尽管在此过程中你可以插叙、倒叙，但有语文水准的人会把你的话重新捋一捋。也就是说，我们的思维是立体网状多维的，而我们的语言必须是一维的、线性的。要一维的线性的语言去追索立体网状多维的思想，能不能？自然很难。

所以有时候语言是追不上思想的，非常的苍白无力，故多说不如少说，甚至不说。道家说，视而可见的，是形和色；听而可闻的，是名和声。而形色和名声都不足以判定事物的本真。而且，可以言论的都是物之粗，精致的东西只可以意致，即用意念去接近，语言表达不出来。更有一种东西，语言不能表达，意念也不能接近，即用粗和精都不能指及，这就是刚才所说的人脑子里的那团乱麻了。"道"从某种意义上正与之类似，它性"冲"，而且"视之不见""听之不闻""博之不得"，是一种"无状之状"，很难言说。所以，道家对人类认知局限的表述，正是在为打开认识精微的精神世界造势。还有，它当然不是专门针对儒家的仁义礼智信说的，但自然会对后世不满儒家那套主张的人构成一种号召。

仁义礼智信有什么效用呢？能全部概括人的道德原则，或是人和人、国家和国家的相处之道吗？不一定，它们不仅可能是粗浅的，在实际运用中还会被用来为某种特殊利益集团服务，还会走样，所以与其如此，不如不说为好。所以，老子启发人要批判地、怀疑地看待所有的事物。这个世界没有语录，也没有经典，只有"非常道"的那个"道"才最具本原意义。所以老子的学说是根本性的。

有了这样的观念才能探索心智，人才能无限度地拓展人的视野，达到未曾达到的新的认识，所以老子的学说又是开放性的。他不是孔子的"子在川上曰，逝者如斯夫"。对于老庄来说，他前面的不是河，而是海，是更广大的宇宙。

中国文化讲河很多，尤其是黄河，但很少讲海。尽管孔孟都生在滨海之地，但是《孟子》一句都不谈海，《论语》也只有一句话谈到海，而且只是一个比喻，如果我的主张不被采用，那我就自放于海，所谓"道不行，乘桴浮于海"，不跟你们玩了。因此说到底，儒家对海是没有认定的，以至中国文化对海的描述很少。晋朝的时候木华写了一篇《海赋》，也只是讲天下的万水汇聚于海，此外，就是物产丰富而已。它没有像黑格尔《历史哲学》一样，体认到海能给人一种茫茫无定、浩浩无际的观念。在我们的语境中，海可以给你海盐、海产，让你赶海、讨海，怎么会给你带来观念？而在西方的语言文化背景里，海就是一个观念。

但老庄学说有海纳百川的恢阔境界。它始终从根源处发现问题，又从根本上解决问题。在哲学上，要从根本上解决，就要确立万事万物的本原与初始，即"道"。那么"道"是什么？这个恰恰是很难解说的，因为它存在于任何事物当中，没办法用语言框限和固定。老子用包括"玄"在内的各种各样的情状比喻它，是希望人能够多少领悟到这一点。

最后谈谈老子哲学对于当代人身心健康的拯救意义。

用新儒家唐君毅先生的表述，当代人处在一种"四不挂搭"的困境中，首先是"上不在天"，其次是"下不在地"，再次是"外不在人"，再次是"内不在己"。

什么叫"上不在天"？十九世纪以来，基督教世俗化了，尼采宣布上帝已死，众神引退。世俗社会发展起来，西方人失去了引以为傲的神圣世界的庇护。中国人的宗教意识本来就不发达，不抬头看天，只低头走路。少了宗教信仰，又少了道德的监管，还放弃了自律，精神寄托就成了问题。所谓"下不在地"，指文艺复兴以来，数学、物理学高度发展，科技理性一枝独秀，自然的世界越来越沦为科技征服的对象，甚至仅仅具有工具理性，而不再是人诗意的栖居地，即这个世界已经异化。"外不在人"是指工业革命以后，产业经济发达，都市文明崛起，一下子改变了城市的结构，人际关系也随之改变，人间守望之情没有了，代之而起的是权利、义务和法律，没有了温情脉脉，人际关系越来越物质化，乃至说到钱，便无缘，晴天有人借伞给你，雨天又急着要回去。由此造成这个世界最严重的"内不在己"，即你原本宁静自足的内心被彻底打破了，成了纷扰不安的战场，常常不仅跟别人斗，还跟自己斗，精神焦虑增加，幸福指数下降，心态失衡频发，成就意识严重匮乏。这个时候，如何安处自然、知足常乐、逍遥自在、不与人争，这些老子讲过的东西就开始发挥作用。

《老子》让你从根底上看清自己，看清人生。在这个意义上，它是一部"救世之书"。如我们前面所说的，让人不仅能处理好和社会的关系，更能处理好和他人及自己的关系。并且从某种意义上说，它比儒家说得更深刻、更到位、更有涵盖力和普遍性。

二〇一八年九月十五日新华·知本读书会第六十五期

从老庄道家谈中国文化

陈引驰

中国文化中最重要的三个精神传统是儒、道、佛。一般认为，儒家影响非常大，是中国文化的一个主干，全世界都认为中国是儒家的中国，或者把它看成一种宗教，叫儒教的中国。那么这里马上就出现一个问题，中国文化虽然是一个词，但是很难讲是一个单一的传统。实际上中国文化是多元的、多层面的，这一点特别要强调。包括我们常常讲中西文化，一讲西方文化如何，一讲东方文化如何，都有许多反对意见。所以，当我们用一个大词来概括中国文化时，当然也可以谈，但还要讲得略微细致一些。我这里讲"从老庄道家讲中国文化"，主要涉及道家在中国文化当中的地位到底是怎么样的，特别是与儒家的地位相比是怎么样的。

儒家与道家的不同影响

道家和儒家之间的关系到底应该怎么理解？对这一问题，过去有两种不同的说法。一种可能大家比较熟悉，从二十世纪八十年代开始就有很多学者在讲"儒道互补"，即儒家和道家两者之间是互相应和、互相对应的。这种互补不仅是对大的文化历史而言的；从个人来讲，中国古代知识人身上也有很多内容是儒道互补的。譬如"达则兼济天下，穷则独善其身"，当一个人"达"（仕途通达，能够在社会上发生作用）的时候，他满心想的当然就是儒家的积极进取；当遇到"穷"（困难，仕途不畅，落寞、落魄）的时候，他可能就会用道家来平衡自己的内心。比如白居易，官至左拾遗（也就是谏官）时，经常写进谏条呈给皇帝，不仅如此还要写诗（新乐府诗）指出弊政；而当被贬为江州（今九江）司马时，他则在庐山里面造一间房子，在那里读读佛经，读读老庄，把和尚、道士都请来，跟他们一起休养生息。所以这一阶段的白居易的诗很好玩，经常上一句是佛，下一句是道。换句话说，这时的白居易已经完全走向道和佛了。第二种大约也是在二十世纪八十年代，陈鼓应先生提出"道家主干"说，他认为道家比儒家更重要，因为道家讲的是一些最根本的道理，如有与无，非常抽象，但越是高端的、抽象的，就越有覆盖性；而儒家讲的都是一些太具体的事情，跟道家不能比。

以上两种说法，"儒道互补"和"道家主干"都有道理。但我觉得，前一个说法不够清晰，后一个说法有所偏颇。虽然我个人研究佛家思想、道家思想，但如果一定要追溯中国文化传统的话，还是儒家。必须承认，对中国社会来讲，儒家的地位比道家更重要。因为从中国的文化传统、历史来看，没有道家很难想象，但没有儒家恐怕更难想象。比如说中国文化传统中的祖先崇拜，重视血缘关系、家庭伦理，都是以儒家思想为主，同时也在儒家的传统观念中占据了很重要的地位。一直到五四，所谓对中国传统的批判，很大部分都是对儒家的批判。儒家为什么这么重要？道理很简单，因为儒家跟中国整个历史文化是紧密结合在一起的，儒家是一种在中国文化、社会、历史的基础上建立起的学说。在孔子生活的春秋时代，礼崩乐坏，天下大乱。在此之前有夏、商、西周三代，孔子本人是殷人后裔，但是在回顾三朝文化制度之后，他说："周监于二代，郁郁乎文哉，吾从周。"他认同的是周文化，而周文化中最重要的就是周初的封建制度。我们今天讲中国古代是封建社会，但这里的"封建"概念是混乱的，是根据西方的"feudal society"翻译过来的，实际上"封建"在汉语里原来不是"feudal"，而是指西周初年进行的分封建国，是周在推翻殷以后，对国家进行的一个重新布置，将一个个诸侯分封下去。而分封中最重要的原则就是将血缘关系、宗族关系和政治结构整个结合在一起。因此周初分封建国以后，底下大部分诸侯国都是姬姓。于是，诸侯与天子的关系，在国家的政治体制当中，是下级和上级的关系；但是在宗族关系当中，二者又是血缘关系，父子、叔伯、兄弟。所以中国过去都强调家国一体，近代明清以来所有的文人、所有准备考科举的读书人都要把《礼记·大学》一篇读得滚瓜烂熟，读朱熹作的注，里面有一组大家都知道的概念，叫"修身、齐家、治国、平天下"。"身"就是自我，"家"是家庭、家族，最后是治国、平天下，"天下"当然是最大的。之所以家国关系对中国人来讲这么重要，需要考虑得这么仔细，就是从西周的封建制度建立起来的。

儒家思想也不是孔子凭空想出来的，而是他对历史经验的总结，孔子认为周的稳定秩序来源于其血缘关系与政治权力叠合形成的这样一个结构。儒家学说后来的巨大影响不是偶然的，而是因为儒家跟中国历史传统、过去的历史经验结合得非常密切。没有儒家，中国社会的历史、社会的结构、历史的发展还是不是这样？这恐怕是完全难以想象的。相比之下，道家当然也很重要，但在跟中国的历史经验、跟过去的传统社会的结合程度上，没有儒家那样紧密。

但如果我们走出中国文化，把视野放大，从整个世界、整个人类文化的范围来看的话，道家的影响恐怕比儒家要大。在所有被翻译成外语的中国典籍中，老子《道德经》的版本数量恐怕是最多的，比《论语》多。《道德经》的第一句"道可道，非常道"，十分抽象，即使是外国人也有兴趣研究它到底是讲了什么；孔子的《论语》中国人读得津津有味，外国人读有时候恐怕就没有这个感觉。德国古典哲学的集大成者黑格尔，在《哲学史讲演录》里面讲到中国哲学，将老子与孔子做了一个比较：

孔子的教训在莱布尼茨的时代曾轰动一时。……孔子只是一个实际的世间智者，在他那里思辨的哲学是一点也没有的——只有一些善良的、老练的、道德的教训，从里面我们不能获得什么特殊的东西。……我们根据他的原著可以断言：为了保持孔子的名声，假使他的书从来不曾有过翻译，那倒是更好的事。

相比之下，黑格尔认为老子比孔子对他来讲更加有思辨性，更加哲学，有更多他可以吸取的地方。这样的例子很多，再比如十九世纪伟大的俄国作家托尔斯泰，也曾说，儒家孔子的书自己都读过，但和老子比起来，老子对他的影响更大。

因此如果放宽视野，跳出中国文化的范围来看的话，老子的影响、道家的影响可能比孔子和儒家更大，道家的抽象思辨对整个人类的哲学思想的贡献可能也更大一些。在中国的文化传统中，儒家与道家都有它们的重要性，但是要在不同的层面上来看这样一种重要性。

由"天、地、人"比较儒道思想

儒道两家到底有什么样的差别？如果要我来谈的话，可以从三个层面来概括，用中国传统的说法叫"天、地、人"。

第一个层面是"天"。"天"不是指我们现在讲的天空，而是指自然，是人类对整个宇宙、世界的看法。在这个层面上，道家所考虑的内容要比儒家丰富得多。儒家对于"天"的看法相对来讲是中国历史上比较早期的想法。比如，《论语》中记载孔子曾经带着弟子到一个地方讲学，一个叫桓魋的官员来驱赶，孔子仓皇出逃，逃跑以后说："天生德于予，桓魋其如予何。"意思是上天把德给我，桓魋虽然在世俗世界中是很有权势的人，又能拿我怎么样？孔子的这一态度在后世很有影响，过去认为中国人不重视个人的作用，实际并非如此。中国的"个人"不是西方式的"个人主义"，儒家有一句话"人能弘道，非道弘人"（《论语·卫灵公》），《易经》里还有一句"天行健，君子以自强不息"。中国历史上对文化有担当的人都是这样，比如古代的孟子，近代的章太炎、梁漱溟。这种担当非常强调主体性、自我。反过来，道家就不是这样的。老子和庄子对自己没有那么"高估"。庄子认为人是天地万物之一（不同于人类中心主义），跟草木禽兽应该都是一样的。所以，道家是从一个更大的视野来看这个世界的，没有那种对自我的骄傲，整个世界万物并育。在对宇宙世界的看法上，相比儒家，道家的视野要更加宽阔。

我经常讲，先秦诸子百家的每本书的第一句话拿出来看，都不一样。儒家的《论语》开篇讲"学而时习之""有朋自远方来""人不知而不愠"，我们就知道儒家的学问，不是在书本上的，而是要实践、要做事，也就是"知行合一"。道家的《庄子》，第一句话："北冥有鱼，其名为鲲。鲲之大，不知其几千里也；化而为鸟，其名为鹏。鹏之背，不知其几千里也；怒而飞，其翼若垂天之云。"里面有海、有天空、有鱼、有鸟，人在哪里？从中可以看出，人在道家的世界当中不是最突出的部分。所以说，在"天"这个层面，儒道两者对世界的观察有很大的不同。

第二个层面是"地"。这个"地"也不是指地质地理，而是指在对世界、对人世间的种种看法上，儒道两家也是完全不一样的。在这一点上，儒家是跟整个中国社会历史紧密地结合的，看到的是人群社会、人与人之间的关系。儒家对一个人的定位，首先不是讲这个人是怎么样的，而是看这个人是谁的儿子、谁的父亲、谁的哥哥、谁的弟弟，对一个人的定位就是在一大群"关系"中确立下来的。儒家特别强调这个，是有道理的，在传统的农业社会、熟人社会当中，关系是很重要的，因为种种关系是一个人信用的保障。在上海这样的大城市里，确认一个人的信用要靠征信公司，但是在农村社会就不需要。所以人际的关系是儒家思考问题的一个基本点。因此，儒家特别强调，社会要追求人与人之间的和谐关系，就得维持尊卑长幼有序。这是儒家的一个特点。

但道家不同。我经常开玩笑讲如果要儒家来批判，道家最受指责的应该是不负责任。比如老子，根据司马迁《史记》的记载，老子是周守藏室之史，掌管东周朝廷所有的文献，诸子百家里边数老子官做得最大；而孔子五十多岁时才在鲁国做了官，没多久就做不下去了。但是老子"见周之衰，乃遂去"，看到东周衰落就跑了，独善其身；孔子的态度是"知其不可为而为之"，要积极介入社会。因此，儒家可能会认为，老子这个人学问那么大，官又做得不小，看到天下不行了就跑，个人主义，极端自私。但道家的态度基本就是这样，庄子也是，《庄子·秋水篇》里有个著名的故事：

> 庄子钓于濮水。楚王使大夫二人往先焉，曰："愿以境内累矣！"庄子持竿不顾，曰："吾闻楚有神龟，死已三千岁矣。王巾笥而藏之庙堂之上。此龟者，宁其死为留骨而贵乎？宁其生而曳尾于涂中乎？"二大夫曰："宁生而曳尾涂中。"庄子曰："往矣！吾将曳尾于涂中。"

庄子选择不去楚国做官，是为了保全自我。所以，在"地"——社会制度方面，儒家面向现实社会的人际关系，而道家更多偏向于保全自我和个人。

再就是"人"的层面，跟前面两个层面也都有相关性。对个人的要求，儒道两家一样，都非常强调自我修养，但是两者之间还是有差别的。儒家认为一个人要提高自己，成为一个君子，成为君子以后要服务社会，"修身、齐家、治国、平天下"，仅仅讲修身是不够的。唐代大文学家韩愈有一篇很有名的文章《原道》，批评道家和佛家虽然也都讲修养，但儒家修养自我是"将以有为也"。

这就是儒家在"天、地、人"这三个层面的相关性。儒家更注重现实，更注重"人"的重要性，是人类中心论，对人有一种高度的尊重。而道家是更开阔地看待这个世界，它把人看成万物之一，万物平等，这是其一。其二，在人间社会当中，儒家更多关注人际关系，关注一个社会的组成、社会良性秩序和它的运作。而对道家来讲，更多关注的是个体在社会当中的地位和保全。

"反者道之动"

道家当然包含老、庄，但老、庄其实也不完全相同。虽然他们都讲所谓的"道"，"道"背后所追求的东西之间有相关性，但是二者之间是有很大的不同的。

老子《道德经》开篇"道可道，非常道"，"道"是什么？我觉得很多人解释得都不是很清楚。实际上，老子自己也说"道"是讲不清楚的，"可以讲出来的道，就已经不是真正的道了"。这话讲得很玄妙。三国时期二十四岁英年早逝的王弼，注过《周易》《老子》，他对这句话的解释是："可道之道，可名之名，指事造型非其长也，故不可道，不可名也。"其实很简单，就一句话，道是最普遍的，是放之四海而皆准的宇宙真理。所以单讲哪一个方面都是不够的，一旦讲它是什么，同时也就在否定它是另一些什么。比如说一个杯子，当我们把它称为一个容器时，它的涵盖面是很大的，什么都可以容，装咖啡、装蛋糕、装米饭都可以。但如果我们称它为杯子，它就有限了，它就是一个盛装液体的东西。说一件事情"是"的时候，在语言上同时就是在认定它其他方面的"不是"。"是"和"不是"就是这样一种辩证关系。所以当我们说"道"是什么，认定它有某个特性的时候，就存在我们没有讲到、被忽略甚至是被否定了的部分。西方特别喜欢讲的一组词"洞见"（insight）与"不见"（blindness），就是这么一种关系。所以，"道可道，非常道"，老子自己说"道"没办法讲，没法形容。

《道德经》里很多话讲得就是"惚兮恍兮，恍兮惚兮"，恍恍惚惚的。老子认为"道"是存在的，但又不是可以清晰地去把握的，那么该怎么去认识它、认定它？我认为，《道德经》里有一句话非常重要："反者道之动。""反"，是道的运动。老子认为道的运作是圆周性的，任何的事情都是向相反的方面转化的。所以，老子对道的最关键的两个看法：第一，世界上所有的事物都可以分成两个相对的方面，"有无相生，难易相成，长短相较，高下相倾，音声相和，前后相随"，这是人类最古老、最基本的二元对立的思维方式；第二，老子虽然承认二元对立，但最关键的，他认为所有二元对立都是向对面转化的，事物不是固定不动的，而是环状的、周而复始的。老子对世界的很多判断都是从这种运动来的。《道德经·第三十六章》："将欲歙之，必固张之；将欲弱之，必固强之；将欲废之，必固兴之；将欲夺之，必固与之，是谓微明。柔弱胜刚强。"一个人想要变强，先要弱，因为弱会向强发展，而强到头了，就会往弱的一面发展，就像走山坡一样。"反者道之动"，是老子对运动基本规律的判断，也包含了他日常观察的经验。"草木之生也柔脆，其死也枯槁"，草木刚刚生出来、有生机的时候很柔软，死的时候枯槁，一碰它就断。所以老子说要知雄守雌、知白守黑，只有不到，才能够到。

但是很多人都误解了"柔弱胜刚强"这句话，其实老子说的是，要强、要达到什么，就要站在它的反面，然后顺应形势，因势利导，达到强的地步。所以他说"将欲废之，必固兴之；将欲夺之，必固与之"，就是利用了事物向相反的方向转化这一个规律。历史上这样的例子很多。《左传》第一段讲郑庄公，郑庄公的母亲武姜生他时"寤生"（也就是胎位不正），很苦，因此不喜欢这个大儿子，偏爱小儿子段，什么都支持小儿子，什么都为小儿子争。段的封地，城墙的厚度、高度，都跟郑国的国都是一样的。郑庄公的大臣就说不能让他这样僭越，发展起来不得了，所谓"天无二日，国无二君"，会导致混乱。郑庄公的回答我们今天还在用："多行不义，必自毙。"等段折腾得差不多了，所有人都看清楚了形势，郑庄公就派兵把这个弟弟给除掉了。这就是"将欲夺之，必固与之"，要剥夺，但是先让其拥有。因此，老子的这些话，其实背后也有很多历史的经验。

老子认为自己的道很好，很容易实行，但别人不听，觉得他不对，"反者道之动"就是其中的关键。这一关键与一般的经验是相反的，是老子思想中很特别的地方。老子自己的一段话也讲得非常精彩，他认为，不同的人对他的道有不同的态度："上士闻道，勤而行之；中士闻道，若存若亡；下士闻道，大笑之，不笑不足以为道。"聪明人，听到老子的道，觉得有道理，按照这个好好去实践；一般的人，听到老子的道，觉得有一定道理，有时候照这个做，有时候就忘了；傻瓜一听，哈哈大笑。但下面老子突然又补了一句：我的道不被你们笑话，就不算一个真的道。

老子的思想还有其他很多方面，有很多可以发挥，但我觉得老子对道、宇宙、世界的基本看法，就是"反者道之动"，点明了道的呈现及运动规律。理解了这一点，老子的很多想法就好理解了。

庄子的宏观与微观

庄子的思想中有几点我觉得特别重要。

第一，就是庄子充分地展现了一个对整个宇宙世界更广大、更广阔的观察视野。他不像儒家，儒家专注的是人的世界，庄子拥有的是一个很大的宇宙观念。在这一观念的基础上，庄子观察问题有他的特点——他不是彻底地解决问题，而是对问题进行转化。问题并没有解决，但问题的意义就此转变。有些当下要紧的事，用长远的眼光来看，其意义和价值会有变化。这就是庄子思想的用处。庄子是从一个大的角度去看问题的，因此当他回看人间，或者回看局部的很多问题，会觉得当下的这些争执非常可笑。过去对庄子有一种批评，认为他是一个相对主义者，"此亦一是非，彼亦一是非"，什么都可以。一般人讲起来总要有个是非，但在庄子看来自己如果跟争执的双方站在同样一个层面上，就要选择、站队，但如果自己的角度比双方更高，就不需要站队了。《庄子·齐物论》有个著名的故事叫"朝三暮四"："狙公赋芧曰：'朝三而暮四。'众狙皆怒。曰：'然则朝四而暮三。'众狙皆悦。"可能大家都知道意思，朝四暮三，猴子很高兴，养猴的人也很高兴，因为总量没有变化，一天吃七个，怎么分都可以。猴子只知道眼前的利益，站在它的角度来看，早上多吃一个也是好的。但对于养猴人来说，没有变化，因为他把真正的大局把握住了。所以庄子站在更大的立场上来看，所有的争执都是局部的，各有各的理由，也各有各的不足，在这个意义上他是相对主义的，甚至是滑头的；但用一个更大的眼光来看，不是的。所以，庄子"呼牛为牛，呼马为马"，就是叫我是什么，我就是什么，实际上没有变化。这与儒家相比，是非常不同的两种人生态度。儒家就是要抗争到底，宁折不弯。而庄子实际上是不计较的，因为站在一个更高的角度来看，不必。

第二，庄子非常重视各种事物的本来面目，尊重千差万别。这一点与第一条联系起来好像很奇怪，一般来讲看大不看小，见林不见木，对底下个别的特点很可能会忽视。庄子在更高的视角中，承认世间有种种的差别。"朝三暮四"和"朝四暮三"就是差别，但他不在这之间做道德是非的判断，尊重各自的理由。这样一种态度，反而是对世间万物抱有更多的尊重。庄子非常重视事物的本来面目，《庄子》一书里很多寓言故事，看上去很奇怪、很特别，放到实际语境去看，都是可以理解的。比如说"东施效颦"，《庄子·天运篇》："故西施病心而颦其里，其里之丑人见而美之，归亦捧心而颦其里。其里之富人见之，坚闭门而不出；贫人见之，挈妻子而去之走。"这个故事里更深层的意思，其实是尊重自己的本来面目，西施颦眉是因为有心脏病，如果她没有心脏病，庄子会不会认为颦眉是美的？未必。庄子真正批评的，是东施没有心脏病，学着人家有心脏病的样子，这样很丑。再比如《秋水篇》里的"邯郸学步"，结果赵国的走路方式没学会，村子里走路的方式却忘了，只好一路爬回去，庄子说"失其故步"。这两个故事，讲的都是失去本来面目的错误。

《庄子·天地篇》里还有一个故事，我非常喜欢："百年之木，破为牺樽，青黄而文之。其断在沟中，比牺樽于沟中之断，则美恶有间矣，其于失性一也。"一棵大树砍下来，做成一个精美漂亮的牺樽（酒器），剩下其他枝枝叶叶，丢在路边上的水沟里。一般人认为这就是美和丑的差别。但庄子认为"其于失性一也"，在失去事物本性方面，两者是一样的。庄子认为美与丑都不是最重要的，最重要的是事物的本性。世界本来就千差万别，有各种不同，大树有大树的理由，小树有小树的理由，人有人的理由，禽兽有禽兽的理由，每一种存在都有它的合理性。和谐共处，才是最重要的。如果向人家去学习，放弃了自己的本来面目，就是否定的。《庄子》内七篇最后一篇《应帝王》里讲了一个混沌的故事："南海之帝为倏，北海之帝为忽，中央之帝为混沌。倏与忽时相与遇于混沌之地，混沌待之甚善。倏与忽谋报混沌之德，曰：'人皆有七窍以视听食息，此独无有，尝试凿之。'日凿一窍，七日而混沌死。"在庄子看来，混沌就是其本来面目，没有七窍也活得很好，倏和忽一定要用人的标准去改造混沌，于是混沌就死了。事物只要符合它的本性，它的特别的存在就有它的道理，人应该尊重事物天然的面目，对庄子来讲这一点也非常重要。

所以庄子对世界的宏大视野和对个别事物差异的尊重，可以讲是相对主义，或者说是和稀泥；但其实是因为庄子站得高，他才能以包容的态度尊重个别性。这是庄子最特别的地方。

对中国文化的影响

道家对于社会政治是有其看法的，不是没有。儒家讲君臣父子，讲秩序；道家好像不那么讲秩序，但是实际上道家非常强调自然和谐的关系，因此道家的政治哲学比较宽容、比较和谐。西汉初年"文景之治"就是"黄老政治"，强调与民休息，经过秦末大乱以后，要让民间的生机自己生长起来。道家还有它对这个世界的看法，也跟儒家有所不同。儒家讲中庸，就是要平衡，要取其中，过犹不及。对于道家来讲，特别强调一个词，套用今天的语言就是"与时俱进"。老子认为世界是两个相对的方面，会相互转化；庄子认为世界是随时变化的，不同的人会有不同的看法。所以，道家认为，世界始终处于不断流动变化的过程当中。如果说儒家特别强调平衡折中的话，道家实际上是特别注重"变"，强调要适应变化，顺应时势。更积极地讲，道家认为要因势利导，顺应形势，然后引导，最终水到渠成，让其自己成长，避免揠苗助长。在政治哲学方面，儒家和道家，通俗地讲就是，儒家比较强调做加法，道家比较强调做减法。就好像在城市里开车，最重要的不是踩油门，而是踩刹车，恰到好处地踩刹车、松油门，很重要。

再比如美学领域。儒家在美学领域当然也有很大的影响，儒家强调社会性，强调政治、教化，"移风俗，美人伦"。但相比之下，道家在这一领域的影响更大。道家老庄的思想对于美学，对于中国人的审美理想的影响更大。比如中国绘画，讲求虚实结合，计白当黑。计白当黑，就是没画当作画了，在画面上留出空白。如果把画布全画满了，就变成油画了。实际上，这也是中国音乐里追求的"此时无声胜有声"。虚与实结合，甚至有时虚比实更重要，中国艺术中的这些观念都是从道家来的。老子讲天地万物，有生于无，无和有之间两者不能偏废，是相辅相成的关系。但如果一定要比较两者的重要性，可能无比有更重要，这对道家来讲是非常普遍的原则。

　　即使在我们的人生当中也是这样。一个人不是说天天忙，把事情都排满了，就是好的。有的时候就是要虚，虚实结合，虚实相间。人的一生不能一天到晚低头拉车，偶尔得抬头看看天，好像很悠闲，但能让人知道这个世界有诗与远方，有不同的可能性。无与有，虚与实，白与黑、无声与有声，这是道家思想中一组同构的关系，在艺术与审美理想方面，带给中国文化许多启发。

　　二〇一九年一月二十六日新华·知本读书会第六十九期

早期中日韩的互相观望

戴　燕

　　中日韩关系，是一个大家都熟悉的话题。过去这些年，中国的经济形势不错，也有一定程度的开放，普通中国人去日本、韩国的机会很多，对日本及韩国的了解也越来越多，因此，要谈当代的中日韩关系，大家都有自己的切身体会，有自己的经验和想法。但是，我要讲的是早期的中日韩关系。早期有多早呢？差不多是在公元四世纪以前，也就是中国历史上的汉魏时期。当然在那时候，还不能叫中、日、韩，也许我们可以用一个笼统的说法，就说是中国与朝鲜半岛包括现在的朝鲜及韩国和日本的关系。

"大"与"小"

　　在讲这样的一个早期的中日韩关系以前，我想首先要说明的一点，也是非常重要的一点，就是中国自秦汉以来，已经形成了统一的王朝，而在那时候的朝鲜半岛和日本，是有一些族群、部落、共同体，可是并没有出现统一的国家形态。而在这样的一个历史背景下，我们讲当时的中日韩关系，无论从地理空间还是从政治权力的角度看，显而易见，就是"大"与"小"的关系。就整体国家力量而言，当时的中国是大，而当时的韩国、日本是小。即便到了三国时期，在统一的汉帝国一分为三的情况下，距离朝鲜半岛及日本最近的魏国，依然保持着"大"对"小"的态势。

其次，我们翻开谭其骧主编的《中国历史地图集》，看里面的汉代、三国地图，很容易便看到当汉武帝灭掉卫氏朝鲜后，一度是把"郡县制"这种在秦汉王朝实行的政治及行政制度，推广到了朝鲜半岛。在朝鲜半岛上，当时设置有所谓"辽东四郡"，即乐浪郡、玄菟郡、真番郡、临屯郡，这就把这一块地方，也纳入到了西汉王朝的行政区划内。像乐浪郡，它的首府，就是在今天的朝鲜平壤。到东汉后期，辽东半岛上出现了一个在当地很有势力的公孙氏家族，他们又在乐浪郡更南的地方，设了一个带方郡，带方郡的首府，是在今天韩国的首尔。这就是说在两汉到西晋这一段时间，朝鲜半岛上曾建立过当时中国的行政区。这是历史上的事情，是我们应该注意到的。

最后，我还要说明，讲早期的中日韩关系，其实有一个非常大的困难。我们知道，中国是很早就有自己的历史书写的，通过现有的文字记载，大概可以知道公元前五世纪的中国历史。但是日本不一样，它现存最早的史书，像《日本书记》，是八世纪才写出来，而最早由高丽人写下的记录朝鲜半岛历史的《三国史记》，则要晚到十二世纪才成书。所以，讲早期的中日韩历史，事实上只能依靠比较早的中国人的记载。那么，在中国，最早记录有朝鲜半岛和日本的，是在汉代。在西汉司马迁写的《史记》中，是有《朝鲜列传》的。接下来，在东汉班固写的《汉书》里面，也有朝鲜，同时第一次出现了日本。然后，就是西晋即三世纪末陈寿写的《三国志》，在《三国志·魏书》的《东夷传》中，开始有比较详细的关于朝鲜半岛和日本的记述。因为有这些记载，有中国人的这些历史书写，才使我们谈论早期的中日韩历史，有了依据。可是，我们不是要讲中日韩的互相观望吗？完全依赖中国单方面的记载，如何"互相观望"？从《史记》《汉书》《三国志》，还有后来范晔的《后汉书》中，如何进入韩、日的视角？我们也知道，司马迁、班固、陈寿、范晔等史家写下的，根本上还是以中国为中心的历史，他们记述的主体，都是中国，是两汉王朝和魏蜀吴三国，他们并没有把韩、日当作主要的记录对象，甚至在他们心中，比如日本，都不是那么重要。这就造成我们依据中国单方面的记载，在这里讲中日韩"互相观望"的时候，还不是真正的平等的互相观望。我们是在古代中国人的叙述中，看见他们登场，看见他们的形象，但还听不到他们"说话"，听不到他们自己的表达，说他们怎么看中国。

这是在谈论早期中日韩互相观望的话题前，必须要注意的几点。除此以外，我还想要说明，透过《史记》《汉书》《三国志》等史书的记载，我们可以看到依次出现的，第一是古朝鲜，第二是高句丽。与高句丽差不多同时出现的还有韩国，它分了三部分，所以又叫"三韩"。再晚一点出现的是"倭"即日本。这些族群、部族，是在中国人书写的历史中陆续出场的，因此，可以说古代中国人对他们的认识，也有这样的一个先后次序。这一次序，与他们和中国的距离远近当然有关，跟当时中国的汉魏王朝本身的力量强弱也有关系。当汉魏王朝强盛的时候，王朝的力量便会寻求向四周扩张，也会到达朝鲜半岛和日本，而如果汉魏王朝变得衰弱，居于他周边的这些族群、部族也会变得活跃，与汉魏王朝发生各种各样的联系。早期的中日韩，正是在这种起起伏伏的拉锯式的碰撞中，进行他们之间的交往。这是一种真正的交往，也正是在这种互为依存的交往中，产生互相的观望。

由于我们不得不依赖中国单方面的记载，来探讨早期的中日韩关系，而写下这些文字的都是古代中国人，他们主要的关心是在当时的中国，所以，那时的朝鲜人、高句丽人、韩人以及倭人，他们是怎么想的，其实我们无从知晓。不过幸运的是，在司马迁、班固、陈寿这些人笔下，记载了两汉三国人与生活在当时朝鲜半岛和日本的一些族群、部族交往的过程，他们的应对策略和言行，有一些细节，也有一些故事，可以帮助我们推测、想象作为对手方的韩、日，他们与我们不同的文化、观念，以及在那种文化观念下可能有的心情。

为了避免枯燥、老生常谈，我们来讲几个故事。

第一个故事：汉武帝灭卫氏朝鲜

前面我们讲到，在中国历史记载中，第一个登场的是朝鲜。这个朝鲜，与现在的朝鲜，在地理上有一些重合，可是并没有历史上的延续关系，所以又叫"古朝鲜"。古朝鲜的出现，大约是在秦汉之间。有一个战国燕人的后代卫满，在战国末到秦汉之间，也就是在中国社会发生巨大变动的一个时期，从燕地即今天的中国河北，向东跑到朝鲜半岛，在那里建立了自己的政权，首都就设在王险城即今天的平壤。这里本来是有居民的，这个地方似乎本来也就叫"朝鲜"，卫满占领这个地方后，就用了现成的这个名字，所以，他被称作"朝鲜王"。那时，中国正在完成秦汉大一统的过程中，卫满刚刚到达朝鲜的时候，他要在这里立足，还得仰赖秦汉王朝，那毕竟是一个强大的国家，可以作他强有力的后盾。同样，秦汉王朝觉得在当时的中国以外，有一个自己人，替自己管理朝鲜这块地方，四时朝贡，不是也很好？于是双方约定，卫满做他们的"外臣"。可是，这种关系并没有维持太久。原因之一，恐怕是卫氏朝鲜政权在当地慢慢站住脚，对秦汉王朝的依赖不那么大了；还有一个原因，当然是朝鲜离秦汉王朝的中心很远。双方的关系，就这样逐渐疏远，到卫满的孙子右渠为朝鲜王时，他不光是自己彻底不来朝贡，还接收许多汉朝的难民，又切断了其他部族与汉朝往来的道路。

当时正好是汉武帝时代，汉武帝是一个极其强悍的皇帝，四处扩张领土，他当然不能容忍这一局面，就派了一个名叫涉何的使者，到朝鲜去看看情况。涉何到了朝鲜，没想到，右渠竟敢不接他带去的汉武帝诏书。无奈，只好返回。可是作为使者，这样回去，又等于没有完成任务。于是，在快要走到汉朝边境的时候，在浿水边，他将一路护送他的朝鲜裨王给杀了，然后迅速跑回来，报告汉武帝说自己杀了一个朝鲜将军。汉武帝听了很满意，便奖励他做了辽东东部都尉。

但右渠因为这件事非常生气，派兵攻打涉何。可是，汉武帝正在雄心勃勃地彰显他的力量，哪里能容得下他这样不听话？于是这一年秋天，汉武帝派了两支军队，一支从辽东半岛出发走陆路，一支从山东出发走海路，两路并进，征讨右渠。然而，朝鲜也不是那么容易打下来的，可能是对朝鲜的地形了解不够，也可能是对卫氏朝鲜的军力估计不足，汉武帝的陆、海两军首战失利，都无法攻下王险城。在这种情况下，汉武帝也只好叫人去同右渠谈判。右渠也不想一直打下去，他接受了和谈，并且表示，愿意恢复到过去那种臣对君、小对大的关系。和谈结束后，右渠让太子带了一万多人和五千匹马，去向汉朝示好，表达谢忱，又是走到边境的时候，汉朝这边的官员忽然担心这么多朝鲜人，手里又拿着武器，好像不太安全，就与太子商量，可不可以把武器留在朝鲜，空手过来？他们没有想到，这位朝鲜太子心里本来就不踏实，忐忑不安，一听这话，更加怀疑，马上驻足不前。双方的和谈，这样就破裂了，又接着打起来了。

面对强大的汉朝军队，朝鲜自有他的办法，一会儿和，一会儿战，又利用汉朝陆海两支军队之间沟通不畅、互相不配合的毛病，尽量拖延。汉武帝想朝鲜怎么就打不下来，觉得奇怪，便派济南太守公孙遂去调查。公孙遂调查之后，决定将两军合并，以便集中调遣。大概是看到汉朝的军队实在太厉害，汉武帝也是铁了心要征服朝鲜，朝鲜的一些大臣也开始动摇。当然，这里说朝鲜人开始动摇，只是一种推测，因为我们只能依靠中国方面的记载，依靠司马迁的《史记·朝鲜列传》。而从司马迁的记载来看，汉武帝时代的人好像也并不知道卫氏朝鲜到底有多少军力，底细如何，所以，一开始就派了那么多军队去，大动干戈，却攻不下来。到最后，当然是汉朝的力量大，能持久，汉武帝也是意志坚定，因此，我们猜测朝鲜王右渠手底下的一些大臣，在顽强坚守了几个月后，终于失去信心。就有几个人在一起谋划，不如归顺汉朝，知道右渠不会同意，便找来刺客杀了右渠，然后举众投降。

古朝鲜就这样被灭了，汉武帝顺势建立起乐浪等四郡，其势力范围扩大到朝鲜半岛。在这个过程里，济南太守公孙遂先是被派去调查攻打朝鲜的军队遇到了什么阻力，在他完成陆海两军的合并后，却被汉武帝杀死了。而陆海两军的将领，左将军、楼船将军，功成之后，也一个被杀，一个被废为庶民。我们都知道，司马迁就是汉武帝时代的人，他对于汉武帝不断地扩张，是有他自己的看法的，因此在《朝鲜列传》的最后，他这样评论道：

右渠负固，国以绝祀。涉何诬功，为兵发首。楼船将狭，及难离咎。悔失番禺，乃反见疑。荀彘争劳，与遂皆诛。两军俱辱，将率莫侯矣。

这是我们要讲的第一个故事。在这个故事里可以看到，首先是因为汉武帝有强烈的扩张欲望，才想到要把朝鲜这个地方重新管起来。而另一方面，我们也可以看到，在朝鲜这个地方，人们对于秦汉王朝，从卫满起，就开始疏离，到右渠的时代，已经没有太多认同，由此，他才拒绝接受汉武帝的诏令。

第二个故事：高句丽与汉魏王朝

高句丽，一般被称作古代东北的少数民族，不过用今天的话，也可以称他们是一个跨境的族群。高句丽的首都，曾经建立在今天中国吉林的集安，而从集安向东，一直到朝鲜半岛的乐浪郡，都是高句丽人的活动区域。在这一块地方，从现代考古发掘中还可以看到，大概自汉代起直到唐代，有所谓"高句丽文化"，这一文化中，既有中国中原文化的元素，也有它当地的特色，这一点，在中国境内以及朝鲜境内发现的不少古墓壁画中，可以看得非常清楚。

高句丽出现于中国的文献记载，最早是在王莽时代。高句丽的祖先，据说是居住在今天中国的黑龙江的扶余人，扶余自汉代以来是属于玄菟郡。传说中，河伯的女儿到扶余，不知怎么被扶余王关了禁闭，在她被囚禁的日子里，有一天，一束阳光照到她身上，使她怀孕生下一个既聪明又有武力的儿子朱蒙。朱蒙长大后，跑到今天中国的辽宁桓仁，在这里定居，建立起了高句丽国。所以，在后来高丽人金富轼写的《三国史记》里面，朱蒙就是高句丽始祖，称"东明圣王"。

高句丽这个地方，到处大山深谷，出产一种能登山的矮马，所以，在汉魏王朝的人眼里，他们就好像那些北方的匈奴人、鲜卑人，善于骑射，脾气大、作风硬，特别能打仗。由此到王莽时期，王莽是一个有政治野心的人，他为了给自己做皇帝捞一些资本，便雇了一批高句丽人，去替他征匈奴。可是，高句丽人也很倔，他们不肯被王莽利用，一个一个在路上就散掉了，有的宁愿跑去塞外做强盗，还把追捕他们的人也给杀了。王莽气得不得了，派人去把高句丽的首领抓住，砍下头送往长安，这还不能泄愤，又下命令说高句丽不能再叫"高句丽"，要叫"下句骊"。于是，造成高句丽与汉朝的关系紧张，这样过了近十年，到汉光武帝时，才又恢复过来。

但是，到东汉末年，我们知道东汉王朝的内部出了很大问题。这时，高句丽王的名字叫宫，宫的人在辽东、玄菟一带，频频制造事端，杀人放火，成为东汉的一大"边害"。到了宫的儿子伯固为王，甚至在路上，光天化日之下，高句丽人也敢杀死带方郡长官，又掳走乐浪郡官员的家属。在这一段时间里，高句丽王几代人的名字都很响亮，他们的行迹，东汉也掌握得比较清楚。可是，受困于东汉王朝内部的矛盾不得解决，自顾不暇，整个辽东，也都掌控在公孙氏手里，高句丽与公孙氏时战时和，也是有说不清的错综关系，在这样一个复杂的局面下，对高句丽，只能听之任之。

这样到了魏明帝时代，这时高句丽的王名叫位宫，位宫天赋异禀，英勇果决，骑马射箭样样精通，是一个很有战斗力的领袖人物。当然，魏明帝也被视为是秦皇汉武一类能有所建树的大人物，大概在他看来：首先，如此骁勇善战的高句丽，对魏的边境，始终是一个威胁。其次，魏有意与朝鲜半岛上的其他部族往来，尤其是与朝鲜半岛南部的三韩，也包括更远的日本往来，可是都绕不开高句丽，高句丽已经成了一个障碍。此外，孙吴当时也跃跃欲试地要从海上，与辽东及高句丽取得联系，那势必会形成对魏的包围。大概是基于这样一些考虑，魏明帝下定了决心，一定要拔掉高句丽这枚钉子。所以在司马懿征辽东，打败公孙氏家族后，毌丘俭也就一路打到集安，攻占了高句丽的首府。

这是我要讲的第二个故事。在汉魏王朝与高句丽的关系中，可以看到也有一种对峙的强弱势力的转换。当汉魏王朝内部发生问题时，只能专注于解决内部的麻烦，那时便无力对外；而一旦内部问题解决，接下来，马上就会处理周边的麻烦。从高句丽的角度看，却正好相反。他是在汉魏王朝内部产生矛盾的时候，才有机会发起挑战，显示自己的存在，一旦汉魏政权稳定，内部矛盾趋于缓和，他又只能跑得远远的，安静等待下一次挑战的机会。在汉魏王朝与高句丽之间，就是这样一种相互依存，又相互制造紧张和摩擦的关系。

在与高句丽有如此密切接触的时期，汉魏王朝与当时朝鲜半岛南部的三韩，也开始有了接触。自从公孙氏设立了带方郡以后，汉魏王朝对于朝鲜半岛南端的了解就越来越多，与韩国的交往也变得越来越密切。人们已经了解到，在朝鲜半岛南部，自东向西，是有马韩、辰韩、弁韩三个不同的族群。马韩这个地方，有一些人是从古朝鲜迁移来的，主要是因为卫满占据了朝鲜，他们不得已躲避到此。而在辰韩人中，也有一些是为了逃避秦朝统治，逃难来的。弁韩是往日本去的码头，日本人也要通过他们这里，经带方郡，才能去往当时的中国。

人们还知道，朝鲜半岛的南部，自然条件比北部要好，有良田，有矿产，也有对当时日本和当时中国的贸易。这一带还相当文明，因为传说早在殷的末年，殷的大臣箕子对纣王不满，跑到这里来，就带来了殷商文明，所以此地风俗醇厚，秩序好，人也有礼貌，连一个小偷都没有。这是陈寿的记载，不知是不是因为距离较远，交往不深，才让当时的中国人留下这样一个大概的印象。我们知道，魏明帝攻打高句丽，占领集安以后，也曾打算利用乐浪郡和带方郡的存在，将魏的势力推进到朝鲜半岛南端，一度派人打点了上千名韩的官员，可是好像没有产生什么实际作用。有一次，就因为翻译把话翻译错了，便激怒韩人，双方大打了一仗。

第三个故事：邪马台的卑弥呼女王

最后，我们要来讲一讲日本。古代中国人对于日本的印象，最早见于陈寿《三国志》的记载。陈寿记录下的日本，是在海洋中的一些群岛，坐船的话，大概要走一年。当时日本的文明程度还不高，人民靠捕鱼为生，不管冬天夏天，都吃生冷食物，赤脚不穿鞋，衣服也没有什么裁剪缝纫，挖个洞，穿进去而已，还文身。在这些方面，当时的中国人觉得自己的习惯风俗更好、更高级，日本文明还不怎么开化。可是，他们对日本的印象又非常好，因为日本岛上有各种动植物，产稻米、蚕桑，产真珠、青玉，气候也温暖，适合人居，而日本人温和有礼，社会秩序井然。看当时的记录，大概与今天中国人到日本旅游，得出的印象差不多。

当时到日本，似乎还只有一条路可走。如果是从洛阳出发，先要到带方郡，也就是从今天的韩国首尔，再到南端的渎卢国即今天的庆州，从那里到日本。第一站是对马岛，然后经过一支岛，到日本的北九州。走一段路，行一段船，走到当时叫作"伊都"的一个地方，也就是今天福冈的丝岛，在那里，好像要办理类似于今天的入境手续，交换文书之类。也有的人是到了伊都，把要办的事情办掉，东西放下，就回去了。当时中国人关于日本的知识，到这里，好像也就到了一个边界。日本在当时还不是一个统一的国家，所以，陈寿写到对马，写到伊都，写的都是对马国、伊都国，这些所谓的"国"，还只是今天所说的部落、族群，与今天的"国"不是一个概念。

接下来，是到邪马台国。这是陈寿记录下的当时日本最重要的一个女王国，可是它在今天日本的什么地方，我们并不清楚。在日本的长期研究中，大部分人相信它是在今天的九州岛，不过也有人认为是在奈良、京都附近。这个问题在日本争论了好多年，到现在也没有定论。为什么没有定论呢？因为陈寿在《三国志》里写得太模糊。实际还是受限于当时中国人对日本的认识，就这么点水平。说来中国与日本的接触，最早可以追溯到东汉光武帝时代。当时，据说有日本九州的一个豪族，来到东汉王朝，可能已经到了首都洛阳，于是光武帝赐给他一个金印，上面刻有"汉倭奴国王"几个字，象征着对他的任命。这枚金印，到了日本江户时代，被人在九州发现，现在收藏于福冈市博物馆，印只有小拇指前头这么一点，却表明在东汉时期，中国与日本已经有了这样的往来，也是非常友好的往来。当然，我们今天在日本各地，能够看到更多的早期中国制造的铜镜、刀等文物出土，有些上面还写着汉字，它们都是中日交流历史悠久的见证。

邪马台女王国在三国时期，与魏的交往，一度十分频密，史书中有逐年的记载。从日本远道而来的使者，当时非常辛苦，因为漂洋过海，风波险恶，谁都不知道能不能够安全抵达大陆，所以，魏帝好像也特别感动，总是送给他们丰富的奖品。从魏返回的日本使者，往往都带有魏帝写给"亲魏倭王"的信，都写得亲切友好，又有大量贵重的礼物，包括铜镜、织锦、刀、真珠、铅丹等，数量庞大。当时，邪马台国是由一位女王统治，她的名字叫"卑弥呼"，她人极少露面，不过却很有威严。在她去世后，邪马台人还给她修了一个直径一百多步的大墓，并用了上百奴婢陪葬。而当一个男子要来接她的王位时，整个邪马台都不服从，顿时陷入混乱。在这个过程里，刚好有魏的使者到来，他们便留在邪马台，观察其王位的更替，直到又一个女性登上王位，是卑弥呼的宗女，名叫壹舆。他们看到壹舆就任后，邪马台又恢复平静，才返回当时的中国。可是在中国，恰好这一段时间，也是发生了魏晋禅代的改朝换代大事件。所以，这一批人，本来是魏派出去的使者，然而等到他们返回时，洛阳已经变成了晋的首都。

这是我要讲的第三个故事。应该说直到今天，不管是日本人还是中国人，要了解早期的日本历史，都还要依靠《汉书》《三国志》《后汉书》的这些记载，也就是要靠中国人眼中的日本，来重构日本的历史。而知道这一点，也就会理解为什么日本人对我们三国的历史，有格外浓厚的兴趣。除了魏、蜀、吴三国鼎立的历史本身，能够给人带来无限乐趣，很大程度上还是因为在《三国志》中，日本第一次登上了有文字记载的历史舞台。从古代中国人的观看中，找寻自己的身影、建构自己的历史，这也算是一种自今向古的观看吧。

尾　声

从上面几个故事当中，我们也知道早期中日韩交流的历史，因为只见于古代中国人的记载，所以，要说中日韩怎么"互相观望"，严格地讲，只能说是单方面的观望。在缺乏同时代韩国、日本自己记录的情况下，他们怎么看待当时的中国，其实我们是很难知道的。只是透过以上几个故事，我们推测当时的韩、日对当时的中国，既有结为友好的愿望，也有疏离和对立的感情。但有意思的是，在当时中国人的记载里面，就像班固在《汉书·地理志》中说的那样，人们都认为"东夷天性柔顺，异于三方之外"。这里的"三方"，指的是古代所谓"北狄""西戎"和"南蛮"。也许是在那个时候，"东夷"还没有显示出他们的厉害吧？总之，有人相信孔子所说

"道不行，乘桴浮于海"，那个"海"，就是指东边的海。也就是说，东边的海上世界，是一个能让人实现理想的世界。而这个观念，在中国古代持续的时间相当不短，到四五世纪，范晔写《后汉书》时，他仍然认为韩国和日本都是"仁而好生"的；甚至到了唐代，当时中日韩的交往已经很不少了，而在中国人的心目中，日本还是一个如蓬莱、方壶那样的传说中的仙境。

魏晋以后，我们知道朝鲜半岛和日本都接受了中国文化的影响，接受了中国的典籍、制度。在文化上，中日韩也互相观照、互相渗透。所以到今天，国际形势已经发生变化，而中日韩的关系，不管怎样变化，却总是能在根本上找到共同点，这一方面是由于地缘的关系，另一方面，也可以说早期中日韩的交往及其互相观望的历史，为我们之间不可分割的关系奠定了基础。这就是我们今天仍然要回头来讲这一段历史的意义。

二〇一九年三月二十三日新华·知本读书会第七十期

苏东坡的超越之路

——从黄州赤壁到庐山东林寺

朱　刚

这是北宋元丰二年（1079）至七年（1084）间的故事。在此期间，苏轼遭"乌台诗案"，然后贬居黄州，过了四年多，获准离开，遂有机会上庐山参禅。

"特责黄州"

元丰二年，苏轼因为写诗讽刺宋神宗、王安石的"新法"，遭御史台弹劾，当年七月廿八日在浙江湖州的知州衙门被当场逮捕，八月十八日押解到开封府，关押在御史台，严厉审讯，一直到十二月廿八日结案，贬谪黄州。

关于这一事件，记载最详细的是署名"朋九万"的《东坡乌台诗案》；但最近我看到另一份从前不太被关注的记载，就是明代刻本《重编东坡先生外集》的第八十六卷，其中对"乌台诗案"的记录与朋九万的那本有所不同。从两本的优点来说，正好可以互补。朋九万本的优点是对审讯所得的苏轼口供记录详尽，而《重编东坡先生外集》本则对此案的判决书有完整抄录。那么我们据此就可以把案件的"审"和"判"

两个环节复原出来。

　　总体而言，"乌台诗案"作为一桩轰动朝野的大案，是比较严格地遵循司法程序来处理的。一般人们都认为宋朝是一个君主独裁时代，皇帝金口玉律，但其实北宋朝廷专门设置了一个机构叫编敕所，负责把皇帝发布过的命令一条条编起来，编起来以后它就成为一种成文法，今后碰到类似的事情，就以这个法条去适用，皇帝也不能随便再改。所以，宋朝一直强调"祖宗之法"，实际就是每个皇帝发布过的命令都有法律的性质，之后遇到类似的事情就依照处理，不能随便再改，要改的话皇帝就必须重新拟定圣旨，然后由各级机关再重新拟定法条。所以"乌台诗案"的审理是按照宋朝的习惯，严格地在法制的范围内进行的。过去研究中经常被使用的朋九万本记录的详细口供，来自御史台的案卷，而《重编东坡先生外集》的这个文本，个人判断是由审刑院制作的，因为文本开头有这么一段话："中书门下奏，据审刑院状申，御史台根勘到祠部员外郎直史馆苏某为作诗赋并诸般文字谤讪朝政案款状……"也就是说，审刑院根据御史台审讯的结果，拟定判决意见，通过中书门下上奏给皇帝。

　　为什么会有这样一个出自审刑院的文本？这就要涉及宋朝的司法程序了。宋朝官员审案的情形，我们经常在包公戏里面看到：包龙图打坐在开封府，提犯人来审案，审完就判决，判了便执行。这个情形完全不符合宋朝的司法实践。宋朝的司法程序里面有一个特征性的制度——"鞫谳分司"，就是审讯和判决必须由各自独立的两个部门来负责，参加审讯的官员不许参与判决，参与判决的官员在审讯阶段是不许过问的。具体就"乌台诗案"来说，它是个"诏狱"，即由皇帝亲自下令成立专案组进行审讯，这个专案组就是"御史台根勘所"。但御史台在审讯及调查事实完成后，他们的工作就结束了，此后要将苏轼的口供记录移交大理寺，由大理寺进行判决。御史台的审讯显示了一个倾向，要把苏轼引往死罪的方向，但大理寺的判决结果与此迥异，是"徒二年"。大理寺从已经确认的口供中提取苏轼的"罪"行，跟现行法律和编敕的有关条文比对，得出这个判决；而与此同时，根据苏轼犯"罪"期间朝廷发布过的一些赦令（这些赦令当然也有法律效用），苏轼的"罪"还可以被赦免，连"徒二年"都不必。这样一来的话，御史台等于白审了，因此判决下来后，御史台连续上奏反对，认为这样的判决起不到惩戒的作用。于是，这一案件就被移交更高一级的判决机构，就是审刑院，进行复核。所以，我们就看到了上述这个出自审刑院的文本。

审刑院的判决如下：

> 某人（即苏轼）见任祠部员外郎直史馆，并历任太常博士，合追两官勒停。犯在熙宁四年九月十日明堂赦、七年十一月二十日南郊赦、八年十月十四日赦、十年十一月二十七日南郊赦，所犯事在元丰三（疑为"二"）年十月十五日德音前，准赦书，官员犯人己赃不赦，余

> 罪赦除之。其某人合该上项赦恩并德音，原免释放。

　　总的来说，审刑院不但支持了大理寺的判决，而且明确地宣布苏轼免罪释放。中间一段即是朝廷历年发布过的大赦天下的赦令。根据这些赦令，"官员犯人入己赃不赦"，即贪污不赦，其他罪行都可以赦除。那么，苏轼写诗讽刺朝政，这个罪是可以赦除的，所以"原免释放"，苏轼应该被释放。当然，审刑院这样支持大理寺，御史台肯定还是不服的。最后，这一案件须由皇帝来了结："准圣旨牒奉敕，某人依断，特责授检校水部员外郎，充黄州团练副使，本州安置。"皇帝首先肯定了审刑院的判决"依断"，就是判得没有错，但也许因为此案的政治影响不好，所以"特责"苏轼贬官到黄州，这"特责"意味着法律之外的行政处分。检校水部员外郎是名誉性的水部员外郎，而黄州团练副使就是地方的一个军事助理官，唐朝有这个官职，但宋朝根本没有，所以也就是给苏轼安排个虚官。这一裁断中最重要的是"本州安置"，就是把苏轼贬到黄州去，好好地闭门思过。

　　苏轼在黄州，用他自己的说法是待了五年，按现在的算法其实是待了四年多一点。苏轼在黄州的这段时间，从某种意义上，可以说是他生命中最重要的一个阶段。苏轼更家喻户晓的称呼"苏东坡"，就是在黄州时期出现的。苏轼初到黄州时，借住在一个寺院里面，叫定慧院。家属跟着过来后，他又迁居长江边的临皋亭。再后来，黄州官员在一个叫"东坡"的地方给苏轼划了一块荒地，苏轼就在那里开荒种地，造了几间房子。房子是冬天落成的，苏轼在墙壁上画了一些雪景，于是这里就被命名为"东坡雪堂"，这就是"东坡居士"的由来。

黄州时期，苏轼在文学上确实创作了一系列无与伦比的作品，其中最有名的当然是"三咏赤壁"——前后《赤壁赋》加上《念奴娇·赤壁怀古》词。文学史上，对这组作品的评价相当高——词发展到北宋，被分成婉约派和豪放派，《念奴娇·赤壁怀古》被认为是豪放派的最高代表作；赋体，从汉赋发展到宋代，进入了文赋的阶段，即吸收了古文写法的赋，而文赋最典型的代表作就是苏轼的前后《赤壁赋》。此外，苏轼在黄州期间创作的《寒食诗帖》，在整个宋代都是顶尖的书法作品。当然还有《定风波》词，以及一些简短的小品文，都是苏轼黄州时期的作品，跻身一流的非常多。同时，苏轼在黄州除了文学创作以外，还有一些学术著作。黄州时期的苏轼基本上已经完成了九卷《东坡易传》、五卷《论语说》的撰写工作，他的《书传》也是在这段时间开始动笔的。所以一般认为在这一时期，苏轼自成一家的学术思想已经基本形成，这个思想体系在学术史上又被称为"苏学"。这也是一个很重要的收获。所以，不管是就学术思想还是文艺创作而言，黄州时期确实是苏轼人生中的一个重要阶段，他自己也说："问汝平生功业，黄州、惠州、儋州。"对于自己一生最高的成就，苏轼认为是在黄州、惠州、儋州这三个地方做成的，黄州是第一个。

"造物者之无尽藏"

对于苏轼的学术思想，有一个总体的概括，说他融合儒释道三教。但如果仔细加以考察，可知这种融合是逐渐形成的，换句话说，有阶段性。最早对苏轼思想总貌进行概括的应该是苏辙，因为关于苏轼的最权威的传记是他去世的时候，弟弟苏辙给他写的墓志铭《亡兄子瞻端明墓志铭》，其中说：

> 公之于文，得之于天。少与辙皆师先君。初好贾谊、陆贽书，论古今治乱，不为空言。既而读《庄子》，喟然叹息曰："吾昔有见于中，口未能言，今见《庄子》，得吾心矣。"……后读释氏书，深悟实相，参之孔、老，博辩无碍，浩然不见其涯也。

"子瞻"是苏轼的字，他还做过端明殿学士，所以后面跟着"端明"二字。在这篇文章里，苏辙首先强调苏轼是有天才的，兄弟两个学的东西都一样，为什么哥哥比弟弟学得好？就是因为他的才华"得之于天"。接着苏辙介绍苏轼的学习经历，"初好贾谊、陆贽书"，这是汉代和唐代的两位名臣，思想上遵从儒家；"既而读《庄子》"，那就是道家；最后才是

"读释氏书"，开始读佛学典籍。阶段性很明确。这是苏轼兄弟自己概括的读书的各个阶段，基础教养是儒家，年纪大一点以后开始读道家，再后来读佛学，所以应该是"儒道释"这样一个过程。这种情况不但在北宋，在历代读书人中都有相当的普遍性。因此，在苏轼的早期著述当中，基本上是运用儒道两家的资源来表述自己的思想。至于佛学，本身是一个非常特殊的知识体系，要解通那些概念，学会用那些概念进行个人见解的表述，需要花费很长的时间。因此当苏轼学会用佛学的概念来表述思想的时候，他的一些学术著作都已基本完成。

比如，我们看苏轼最重要的哲学著作《东坡易传》，虽然是解析儒家的经典《周易》，但其实用的不只是儒家的概念，也运用了很多道家的概念，如"大全""无心""静""虚"等，可见苏轼确实是吸收了道家思想，"以老庄解《易》"。在这本《东坡易传》里，值得注意的另一点，是他跟王安石的对立，这表现在对"一"这个概念的理解上。苏轼认为："天下之理未尝不一，而一不可执。知其未尝不一而莫之执，则几矣。"他承认天下的事情可以被归纳为一个道理，但是不能完全用一个道理来统一天下，更不能去制定这样一个统一体，这就显示出道家对苏轼的影响。反观王安石的思想，他是非常强调"一"，强调统一。他从解字入手，认为"天大而无上，故一在大上；夫虽一而大，然不如天之无上，故一不得在大上"。"天"这个字，是由"一"和"大"两个元素组成的，"一"在"大"上，相似结构的还有"夫"字，但"夫"字的"一"就不在"大"之上。"夫"不如"天"，说明"一"在不在"大"上是至关重要的。王安石是这样去理解"一"和"大"的，所以他的见解强调统一思想，同心同德，变法改革。苏轼跟他不一样，反对执定"一"。

然而，在《东坡易传》里面，我们几乎看不到佛学的影响。

佛学的影响出现在同时期的文学作品中，如前《赤壁赋》：

> 天地之间，物各有主，苟非吾之所有，虽一毫而莫取。惟江上之清风，与山间之明月，耳得之而为声，目遇之而成色，取之无禁，用之不竭，是造物者之无尽藏也，而吾与子之所共食。

这里讲到，天地之间的东西本来就不是"我"的，"我"生来什么都没有，所以也不要想去占有。"我"能够拥有的，无非是江上清风，山间明月。这个"耳得之而为声，目遇之而成色"，就是指"我"的耳朵听到的"声"，眼睛看到的"色"，这些声色是取之无禁，用之不竭的。自然是无穷无尽的宝藏，每个人都可以共同享受。苏轼在这里用到的"声色"，其实是佛学中的基本概念——"眼、耳、鼻、舌、身、意"与"声、色、香、味、触、法"，分别是佛学中所谓的"六根六尘"。可见，虽然在《东坡易传》里基本上看不到佛学的成分，只是儒道两家的综合，但苏轼同时也在看一些佛学典籍。当他能够使用佛学的资源来表述思想时，他已经把他的思想用儒道的概念表述完成了。他不会再运用佛学重新写一本书，但我们如果看苏轼的诗和散文，就可以看到，其中受佛学的影响越来越多。

苏轼在前《赤壁赋》的这段文字中，表明了一种"不占有"的立场，对于自然，只享受其"声色"。用现代的话说，就是"非功利"的审美态度，其中包含着一种"审美超越"。"声色"在这里指造物者(也就是自然)在人类的视觉、听觉面前，所展现出来的审美表象。这种"声色"可以"共食"，"共"即无法独占，"食"就是非功利性的享受。因此，在这里，苏轼所要表达的是一种超越功利的、审美的人生态度。同样的想法，在他这段时间写给朋友的书信中也有所体现，《与范子丰八首》之八中说："江山风月，本无常主，闲者便是主人。"这句话，也是相似的道理，他将自己当作审美的主体，而"江山风月"就是"无尽藏"，自然提供的无穷无尽的资源，是他审美的对象。这一点从现代美学的角度来看，应该是很简单的一个观念，但是苏轼在他那个时代，获得这样的超越观念还是非常不容易的，因为在过去的儒家文化中并没有这样明确的一个美学传统。苏轼把儒释道的各种思想因素融合起来，才曲折地表达出这个观念。

筠州、庐山之行

要进一步说明苏轼与佛学的关系，那就得涉及禅宗。元丰三年，苏轼贬谪黄州，同时，他的弟弟苏辙受他连累，也遭贬谪，到了筠州，就是今天的江西南部高安这个地方。而高安正是禅宗曹洞宗的发源地，在北宋则是云门宗、临济宗比较活跃的区域。在黄州跟筠州之间，更有一座禅宗的名山——庐山。在这个时候，兄弟两人之间发生了一件比较特殊的事情，苏轼用一个很长的诗题记下来：

> 子由在筠，作《东轩记》，或戏之为东轩长老。其婿曹焕往筠，余作一绝句送曹，以戏子由。曹过庐山，出以示圆通慎长老，慎欣然亦作一绝，送客出门，归入室，趺坐化去。子由闻之，乃作二绝，一以答予，一以答慎。明年余过圆通，始得其诗，乃追次慎韵。

"子由"是苏辙的字，《东轩记》是苏辙写的一篇文章，表达他的人生感悟，读者觉得这感悟有点禅意，就戏称苏辙为东轩长老。曹焕是苏辙的女婿。苏辙有五个女儿，但是苏辙的女儿嫁给谁，经常由苏轼做主。因此，苏轼说"其婿曹焕往筠"，曹焕要跟苏辙的女儿结婚，先到黄州看苏轼，然后再到筠州去。于是，苏轼就写了一首绝句，要曹焕带给苏辙。

曹焕到筠州去的时候，路过庐山，庐山北麓有一座圆通寺，住持长老叫知慎，即"慎长老"，他看到苏轼写给苏辙的诗，就唱和了一首："东轩长老未相逢，已见黄州一信通。何必扬眉资目击，须知千里事同风。"本来这首诗也就交流了一下参禅心得而已，但慎长老作了这首绝句以后，突然感悟圆寂。这件事，对苏轼、苏辙两个当事人来说，震撼力不小。后来两人又都写诗，来表达由此事引起的感悟。从这几首诗来说，还是苏轼写得最好："大士何曾有生死，小儒底处觅穷通。偶留一映千山上，散作人间万窍风。"慎长老的一个领悟可以为多少人带来启发！

苏轼本人路过圆通寺，已经是元丰七年了。此年正月，皇帝下诏令说，苏轼在黄州那么多年，闭门思过，态度应该有所改变了，"人才实难，不忍终弃"，让苏轼从黄州移居汝州。汝州在河南，算是离朝廷近了一些。诏令下到黄州以后，四月苏轼离开黄州，坐船沿长江东下，四月廿四日夜宿庐山北麓的圆通寺，第二天为苏洵做了一场法事。但他没有就此登上庐山，而是舍舟陆行，骑着骡子往南走，去筠州看苏辙。端午之前苏轼到达筠州，一直到五月中旬才离开筠州，由南面登上了庐山。正好在苏轼到达筠州之前，苏辙写了一首诗，叫作《景福顺老夜坐道古人搐鼻语》：

中年闻道觉前非，邂逅仍逢老顺师。
搐鼻径参真面目，掉头不受别钳锤。

135

枯藤破衲公何事，白酒青盐我是谁。

惭愧东轩残月上，一杯甘露滑如饴。

    这首诗，后来被《五灯会元》收进去，认作苏辙的悟道偈。当时，禅宗对于佛学水平的判断方式，就是写一首偈，也可以说是一首诗，由一位年长的禅师印证这首偈入道了，那么作偈者就成了这位禅师的继承人，用禅宗的说法叫"法嗣"。认可苏辙已经悟道的老师叫顺长老，也就是诗题中的"景福顺老"。这首诗比较难解，但这里有一个关键词值得注意，就是"真面目"。"搐鼻径参真面目"，"搐鼻"典出《楞严经》，经文好像是对于"色声香味触法"的一通分析，类似"通感"，苏辙通过这样一个做法，直接参透了禅的真谛。无论如何，当苏轼到达筠州的时候，他知道苏辙已经参得了"真面目"。所以，苏轼离开筠州上庐山的时候，脑子里一定老是想着"真面目"的问题，这才有了他对于"庐山真面目"的探寻。基本上，那也就指代禅宗的真面目，他要去参透这个东西。

"庐山真面目"

    苏轼对在庐山的经历有一段自述：

      仆初入庐山，山谷奇秀，平生所未见，殆应接不暇，遂发意不欲作诗。已而山中僧俗，皆言"苏子瞻来矣"，不觉作一绝云："芒鞋青竹杖，自挂百钱游。可怪深山里，人人识故侯。"既自哂前言之谬，复作两绝句云："青山若无素，偃蹇不相亲。要识庐山面，他年是故人。"又云："自昔怀清赏，神游杳霭间。而今不是梦，真个是庐山。"是日有以陈令举《庐山记》见寄者，且行且读，见其中有云徐凝、李白之诗，不觉失笑。旋入开元寺，主僧求诗，因为作一绝云："帝遣银河一派垂，古来惟有谪仙词。飞流溅沫知多少，不与徐凝洗恶诗。"往来山南北十余日，以为胜绝，不可胜谈，择其尤者，莫如漱玉亭、三峡桥，故作此二诗。最后与总老同游西林，又作一绝云："横看成岭侧成峰，远近高低各不同。不识庐山真面目，只缘身在此山中。"仆庐山之诗，尽于此矣。

为什么会有这么一段自述？因为在当时，已经有不少人喜欢模仿苏轼的风格写诗，模仿他的笔法写字，然后制造赝品，有的人还仿制得非常像，所以苏轼有时要声明，哪些才是自己写的。因此他在自述的最后说，自己在庐山写的诗就是这些，其他的都不承认。苏轼在这段自述里介绍，自己到了庐山，本来不想写诗，但是到了庐山以后，发现山里的人都在奔走相告说苏子瞻来了，有些得意，就作了一个绝句："芒鞋青竹杖，自挂百钱游。可怪深山里，人人识故侯。"然后，他马上感到"前言之谬"，就另外再作了两首绝句。这两首绝句中，比较值得注意的是这首："青山若无素，偃蹇不相亲。要识庐山面，他年是故人。"这个"庐山面"跟之后的"庐山真面目"连成一条思路。苏轼继续游览庐山，与庐山东林寺的常总禅师共游西林寺，写下了人们非常熟悉的这首哲理诗《题西林壁》：

　　　　横看成岭侧成峰，远近高低各不同。
　　　　不识庐山真面目，只缘身在此山中。

　　我们现在对这首诗有种种解释，不过从哲理上去解释时，诗中的"庐山"是可以被替换的，说成别的山或者其他事物，道理仍是一样。但是，如果联系他"要识庐山面"的诗，再联系到苏辙的"真面目"，那么其实苏轼这首诗里的"庐山"是不能被替换的，它必须是庐山。"庐山真面目"是苏轼在登览庐山的过程中一直在思考，一直在探寻的东西。而且在我看来，苏轼对"庐山真面目"的思考，也是黄州时期审美思考的延续。

　　"青山若无素"这首，从字面上理解，就是苏轼说庐山与"我"不熟悉，因此还没有识破庐山面，要认识它的话，以后就要多来游览。诗中的"偃蹇"，意为"倨傲不随"，不随从个人的心愿。这个词，早在苏轼杭州通判时期的创作中，就出现过。苏轼《僧清顺新作垂云亭》诗云："江山虽有余，亭榭苦难稳。登临不得要，万象各偃蹇。"杭州僧人清顺造了一座垂云亭，苏轼给他题诗说，虽然这里景色很好，但亭子的选址也很重要，如果选址不好，登上亭子看风景的人无法获得合适的视角，那就看不到美景，或者说，景色不符合观赏者的审美习惯，他看不出美。这里讲的，是观赏视角，即审美主体与对象之间的问题。作为诗人、画家的苏轼，肯定不能接受自然山水的随意一种形态，只有符合其审美习惯的，才会被接受是美的。但是自然山水不会随从人的审美习惯去改变自己的形态，那么唯一的办法就是主体的一方要有所改变，要寻找合适的观赏角度。因此，在《题西林壁》中，苏轼为了获取合适的观赏视角，显得非常努力，他横看侧看，远看近看，从各个角度去看。

不过，苏轼这样的努力看来并不成功。他面临了一个审美的困境，为了走出困境，他自己设想了两条途径：一条是时间方面的，"要识庐山面，他年是故人"，以后多次来，是不是就会主客体互相熟悉了？一条是空间方面的，"不识庐山真面目，只缘身在此山中"，换个更大的空间去看，情况是不是好一些？当然，苏轼正在思考的这个问题，其实有普遍性，因为人们认识所有的事物，都有时间、空间的限制。从这个角度来说，"审美超越"不是那么容易的。在前《赤壁赋》中，苏轼认为只要主体没有功利心，就能达成审美超越，但是寻找"庐山真面目"，却又发现审美无法超越时间空间限制，这形成了他在审美方面的一个苦恼。当然可能这时困扰苏轼的还有别的问题，但是这个问题是包含在里面的。

所以，苏轼带着审美的这一苦恼，这一疑惑，走向了他的导师——庐山东林寺的常总禅师。常总禅师所在的宗派是临济宗黄龙派，因为他的老师是江西黄龙山的慧南禅师，慧南师从临济宗的楚圆禅师。苏辙的导师顺长老，也是黄龙慧南的弟子，就是常总的师兄。具体记录苏轼在常总那里的参禅经历的，是佛教典籍《五灯会元》：

> 内翰苏轼居士，字子瞻，号东坡。宿东林日，与照觉常总禅师论无情话，有省，黎明献偈曰："溪声便是广长舌，山色岂非清净身。夜来八万四千偈，他日如何举似人。"

"有省"，即指苏轼悟道了。"黎明献偈"，是他的悟道偈，被常总认可，于是禅宗的谱系里，苏轼算常总的"法嗣"。这里提到常总用"无情话"引领苏轼悟道。所谓"无情话"，就是唐代南阳慧忠国师的"无情说法"公案，大意是说，世间的所有事物，包括无生物（即"无情"），如墙壁瓦砾，也像佛一样，时时刻刻在向世人说法，只不过众生听不到，或者不用心去听。从哲学上说，这是把真理，也就是佛法，看作最高普遍性，它在一切具体事物上都有体现。苏轼大概明白了这个意思，因此我们看他的悟道偈，表述的也是此意。"溪声便是广长舌，山色岂非清净身"，其哲学含义就是具体的溪声山色都体现出最高佛理，同于"无情说法"。但关键是一个人能否全身心去领会这样的道理。"夜来八万四千偈"，苏轼认为自己听到"无情说法"了，剩下的问题，就是以后如何来启发他人，"他日如何举似人"。所以，从苏轼自己的心得来说，他确实是悟了。这也就意味着，他找到了一直在探寻的"庐山真面目"。套用"无情说法"的思路，就是感悟到美的无所不在，由此走出他的审美困境。

"声色"与审美超越

那么，苏轼如此参禅，算不算真正参透了呢？其实是有疑问的。南宋的一些禅宗僧人就对此提出了质疑，认为常总太轻易许可苏轼了。现在我看到两条质疑：一条出自《五灯会元》，说证悟圆智法师拜谒护国景元禅师，两人谈起了苏轼的这首偈，景元禅师认为苏轼只是门外汉罢了，圆智法师苦思一夜，另作一偈来斥破苏轼："东坡居士太饶舌，声色关中欲透身。溪若是声山是色，无山无水好愁人。"另一条出自南宋的笔记《罗湖野录》，里面有一段说"程待制智道，曾侍郎天游"，就是程俱和曾开（诗人曾几的哥哥），这两个士大夫与衢州乌巨道行禅师交朋友，有一天听到室外的溪水声，就想起了苏轼的这首偈，就问道行禅师怎么看待，禅师回答："可惜双脚踏在烂泥里。"曾开就问，禅师既然觉得苏轼还在烂泥里，那是否能够改一改？禅师立刻就回复了一首：

"溪声广长舌，山色清净身。八万四千偈，明明举似人。"我们从诗歌的角度来看，这样的修改一点都不高明，但是"二公相顾叹服"，那两位士大夫很佩服。确实，从禅宗的角度说，这个修改很厉害。

巧合的是，质疑苏轼的两位禅僧都是临济宗的另一派杨岐派的传人。把两人的批评综合起来看，一个说是门外汉，一个说是双脚踏在烂泥里。因为前者是另作了一首偈，不太容易分辨，我们就先从道行禅师的修改入手。比对原偈，道行删掉了"便是"，删掉了"岂非"，删掉了"夜来"，把最后一句改成了"明明举似人"。这些修改的意图是很清楚的。苏轼的四句都隐含了一个主体"我"。道行删去两个判断词，删去特定时间"夜来"，将"他日如何举似人"改成"明明举似人"，即真理自己显示给人看。这么一操作，隐含的主体全部被扫除了。可见，他认为苏轼个人的主体意识存在，就是"双脚踏在烂泥里"。然后我们看"门外汉"的批评，意思正好相对，从客体方面说，"溪若是声山是色，无山无水好愁人"，如果要通过客体提供的声色来悟道，那无山无水是不是就不悟道了？因此，这个意思是要将客体扫除。两方面归纳起来，杨岐派对苏轼的质疑，就在于苏轼还有主客体对立的意识，还没有真正悟到泯灭主客体对立意识的禅。这个主客体对立意识的泯灭，禅家经常表述为"父母未生时"。

禅师的批评确实击中要害。但就苏轼本人来说，若是他真正泯灭了主客体对立的意识，那就没有审美，没有这样一个诗人了。从他的黄州《赤壁赋》就可以看出，苏轼是追求声色的，当然不是功利性的声色，而是自然的审美表象。通过对声色的享受，苏轼表现出的是一种审美超越的人生态度。因此，到庐山东林寺见常总禅师时，苏轼对"声色"的思考也是延续下来的。他是在这一思路的延长线上，参悟"庐山真面目"的。

回顾苏轼的庐山之行，从初入时，觉得庐山跟他不亲近，产生审美的苦恼，继而思考审美主体与对象如何融合的问题。他一方面从时间上设想"要识庐山面，他年是故人"，另一方面从空间上设想"只缘身在此山中"，意图走出困境。至于"无情话"对于他的启发，则是获得了一种"美无所不在"的观念，用这一观念来解决他的审美苦恼，由此解决了"庐山真面目"的问题。从苏轼的文学发展脉络来看，可以认定，苏轼在庐山东林寺悟禅是有收获的，其实也就是达到了中国传统美学里经常讲的一个境界——天人合一之境。这种境界当然跟禅宗强调的主客体意识完全泯灭，不是一回事。因此，这种审美性的超越，尽管可能引起禅师的一些质疑，但是，对作为诗人的苏轼来说，应该是更适合的。

二〇一九年六月十五日新华·知本读书会第七十三期

《全唐诗》中的伪诗与伪好诗

陈尚君

题目中的"伪好诗"是我生造的，前两年台北"故宫博物院"举办过一次名为"伪好物——十六至十八世纪'苏州片'及其影响"的特展。"伪好物"，就是说画是假的，但是伪造得很好。我想借这个意思讲一些伪诗中的好诗。在此之前，先和大家讲《全唐诗》是怎么成书的，为什么《全唐诗》里有大量的伪诗。

"《全唐诗》中的伪诗与伪好诗"，这个题目涉及学术研究和文学品鉴根本的不同。研究学问要求实辨伪，而文学品鉴讲究艺术精湛。这两者看似理所当然，其实是各行其是，各有道理。如果一位学术名家讲解唐诗，所欣赏的恰是一首伪诗，不免留下笑柄。反过来看，宋人说到好诗，一下子想不起姓名，于是就称是唐诗，任何人都不怀疑。偏偏现代人发明了古籍全文检索，又偏偏遇到像我这样爱认死理的所谓考据学者，逐一查来，不少作品居然是宋诗。《全唐诗》编成那会儿，没有全文检索，编纂者又迫于皇命，学识也有些局限，采取凡前人有一书说是唐诗者，一律视作唐诗收入，问题自然不少，当然也给后人留下发现问题的机会。研究学问的基础是必须要求实辨伪，因为只有求实辨伪我们才能知道某一件事情的真相到底如何。无论研究李白或者杜甫，他们的传世作品中都有疑伪的，《全唐诗》里也包括了大量的伪诗，因此文学品鉴是普及性的工作，作品辨伪是专业性的工作，这两者都是有价值的。现代《全唐诗》学术研究的工作其实是把九百卷中的四万九千四百多首诗，每一首都解剖出来，仔细地分析，做文本的溯源和史实的探究，追求文献之真相，这样的一个工作虽然艰难，但是它可能也会有特殊的价值。

《全唐诗》是如何编成的

清圣祖康熙四十四年(1705)三月，皇帝第五次南巡，对接待他的江宁织造曹寅提出，希望能够以清宫收藏的两种与全唐诗有关的著作为参考，在扬州编修"全唐诗"。于是曹寅就延请十位在籍翰林——彭定求、沈三曾、杨中讷、潘从律、汪士纮、徐树本、车鼎晋、汪绎、查嗣瑮、俞梅——在扬州开馆，进行这项工作。所谓在籍翰林就是其在翰林院的工作已经结束，回到南方的故里，养老或者赋闲。皇帝命令把他们重新召集起来，去扬州编书。第二年十月，《全唐诗》编修完成，只花了一年半的时间。编成的《全唐诗》全书九百卷，目录十二卷，收诗四万九千四百零三首，以及一千五百五十五句残句，涉及作者两千五百七十六人。

之所以这么快完成，是因为这本《全唐诗》是在明末胡震亨《唐音统籖》和清初季振宜《唐诗》的基础上编修而成的。胡震亨是浙江海盐人，《唐音统籖》是他个人一生的积累，共一千零三十三卷，按天干地支的方式来编制，当时因为个人财力有限，只刻了其中的"癸籖"（三十三卷）和"戊籖"。但是《唐音统籖》的稿本一直存在大内，即今天的北京故宫博物院，直到将近二十年前才由上海古籍出版社影印出版，于是今天我们就能够知道胡震亨在唐诗收集整理方面做了多少工作。季振宜是江苏泰兴的盐商后代，年轻时爱读书，利用家里的财富收集了大量善本书籍，编成七百一十七卷《唐诗》。这本书现存三个文本，一个文本是保存在台湾地区的手稿粘贴本，即在初期工作中利用原始材料拼贴出来的一个长编，通过上面的涂画，我们可以看出当年季振宜是根据什么材料来剪贴，贴了以后怎么删、怎么改的。二十世纪七十年代，台湾地区出版了影印版。另两个文本是北京故宫博物院所藏的呈进本，以及中国国家图书馆所藏的一个文本，两个版本内容基本相同。

将《唐音统籖》的稿本与《唐诗》的手稿粘贴本放在一起，可以看出清代编纂的《全唐诗》是在这两部书的基础上拼凑而成的。毕竟翰林院不是专门研究唐诗的机构，在康熙皇帝的命令下，《全唐诗》成书十分仓促，在文本的鉴别、史料的排编方面有很大的欠缺。但是由于是皇帝领衔，所以这本《全唐诗》一直沿用到今天。

《全唐诗》的体例，全书首列帝王后妃作品，其次为乐章、乐府，接着是历朝作者，略按时代先后编排，时代不明及事迹不详者殿后，再次为联句、逸句及名媛、僧人、道士、神仙、鬼怪、梦、谐谑、判、歌、谶记、谣、语、谚、谜、酒令、占辞、蒙求，而以补遗、词缀于末。它在当时条件下，网罗了唐五代的全部诗歌作品，不但包含了已结集的著名诗人的诗集，而且广泛收罗了一般作家及各类人物的作品，全面反映了唐诗繁荣的景象。可以说这套《全唐诗》的编撰，将明末到清初近两百年中，许多学者积累下来的成果，做了一个集大成的简单处理。虽然问题很多，但使用比较方便。

《全唐诗》编校者在《凡例》中，曾说明订正过一些所收材料的错误。《四库全书总目》据以概述云："以震亨书为稿本，而益以内府所藏全唐诗集，又旁采残碑断碣稗史杂书之所载，补苴所遗"，"如《册府元龟》所载唐高祖《赐秦王诗》，则考订其伪托。又旧以六朝人误作唐人者，如陈昭仪、沈氏、卫敬瑜妻之类；以六朝人讹其姓名误为唐人者，如杨慎即陈阳慎，沈烟即陈沈炯之类；以六朝诗误入唐诗者，如吴均《妾安所居》、刘孝胜《武陵深行》误作曹邺，薛道衡《昔昔盐》误作刘长卿之类。唐诗之误以诗题为姓名者，如上官仪《高密公主挽词》作高密诗，王维《慕容承携素馔见过》诗作慕容承诗之类，亦并厘正"，"至于字句之异同，篇章之互见，根据诸本，一一校注，尤为周密"。

也就是说这本《全唐诗》是以《唐音统籤》为稿本，增加了清宫所藏的一部分诗集。据今人根据已影印出版的胡震亨《唐音统籤》和季振宜《唐诗》所做的研究，以上所述颇多掩饰与夸耀。所谓"内府所藏全唐诗集"，即指季振宜《唐诗》。以《全唐诗》与胡、季二书比读，可以发现当时几乎全靠二书拼接成编。全书主体部分，大致以季书为基础，仅抽换了少数集子的底本，因季书不录残句，援据胡书补遗，小传则删繁就简，编次做了适当调整。因此，实际情况与《四库全书总目》的叙述正相反。此外，《四库全书总目》中的这段话，实际上是孙儿乾隆皇帝评价爷爷康熙皇帝的工作，自然很难做到实事求是，只能说好话。譬如闺媛、僧道以下的部分，几乎全取《唐音统籤》，仅删去馆臣认为不是诗歌的章咒偈颂二十四卷。《全唐诗》里边没有收录王梵志的诗，正因为他的诗在《唐音统籤》里被编入了章咒偈颂部分。唐诗字句的异同和篇章归属的互见，胡、季二书多有说明文献依据的文字，《全唐诗》编校者将二书校记中一律改为"一作某"，并没有根据诸本去做周密的考订。《全唐诗》卷八八二至卷八八八补遗七卷，是编校者据新发现的《分门纂类唐歌诗》《唐百家诗选》《古今岁时杂咏》等书新补的诗篇。所以，这本《全唐诗》的编纂大体是草率的，由于编纂时间仓促，所据文献有限，以及大型官修书难免谬误的通病，此书漏收唐人作品，误收非唐五代人的诗篇，以及作者小传舛误，收诗重复互出，一首诗，既见于甲的名下，又见于乙的名下，还见于丙的名下，到底是谁作的，《全唐诗》

不做鉴别。而作者张冠李戴，诗题、录诗和校注的错误，都所在多有。尽管如此，它毕竟实现了总汇唐诗于一书的工作，不失为一部资料丰富、比较完整的唐诗总集，使此后的唐诗爱好者和研究者大获沾益。

《全唐诗》最早的刊本，是清康熙四十六年（1707）扬州诗局本，分为十二函一百二十册，一九八六年上海古籍出版社据以影印。光绪十三年（1887）上海同文书局石印本，归并成四函三十二册。中华书局于一九六〇年出版点校本，以扬州诗局本为底本，除断句外，还改正了一些明显的错误。一九九九年又出横排简体字本，附收《全唐诗逸》和《全唐诗补编》。这本《全唐诗逸》，是最早为《全唐诗》所做的辑补，编者是日本人市河世宁（旧署上毛河世宁），全书共三卷，据日本所存《文镜秘府论》《千载佳句》《游仙窟》等书，补录一百二十八人诗六十六首又二百七十九句，中国的"知不足斋丛书"本、中华书局本《全唐诗》都附收了此书。中国学者从二十世纪五十年代提出希望重编《全唐诗》，六十年代中华书局点校本的点校者署名"王全"，其实是两位作者整理的。一位是王国维的第二个儿子王仲闻，一位是中华书局前总编傅璇琮。

此外，学者王重民利用敦煌遗书编成《补全唐诗》（收诗104首）和《敦煌唐人诗集残卷》（收诗62首）；孙望利用石刻、《永乐大典》和新得善本编成《全唐诗补逸》二十卷，补诗八百三十首又八十六句；童养年利用四部群书和石刻方志，作《全唐诗续补遗》二十一卷，得诗逾千首。三书合编为《全唐诗外编》，一九八二年由中华书局出版。我个人是在一九八一年研究生将毕业之际开始做《全唐诗》的补辑工作的，从存世典籍中得诗四千六百六十三首又一千一百九十九句，作《全唐诗续拾》六十卷；并删订《全唐诗外编》，增加王重民的《补全唐诗拾遗》，重编为《全唐诗补编》，共存逸诗六千三百多首，一九九二年由中华书局出版。此外，徐俊《敦煌诗集残卷辑校》（中华书局 2000 年）中，尚有唐人逸诗数百首。

《全唐诗》中为何有大量伪诗？

要弄清这个问题，首先要说明什么是伪诗。这个概念对于个人和一代文献，有着不同的意义。对于个人来说，不是他本人所写的诗，就是伪诗。这些伪诗的出现，有的是因为传说，譬如李白的这首——出自《唐诗纪事》一八卷，引自东蜀杨天惠《彰明逸事》：

（北宋）元符二年春正月，天惠补令于此，窃从学士大夫求问逸事。闻唐李太白本邑人，微时募县小吏，入令卧内。尝驱牛经堂下，令妻怒，将加诘责。……顷之，从令观涨，有女子溺死江上。令复苦吟，太白辄应声继之。令诗云："二八谁家女，漂来倚岸芦。鸟窥眉上翠，鱼弄口傍珠。"太白继云："绿鬓随波散，红颜逐浪无。因何逢伍相，应是想秋胡。"令滋不悦。太白恐、弃去，隐居戴天大匡山。

杨天惠北宋末在彰明任县令时，在地方上采集的传说，说当时李白在县里做小吏，县令来考李白是不是会写诗，正好看到江水涨潮，有女子溺死江上，县令苦吟了一首诗，李白在旁边应声继之，写下了上面这首诗。问题在于，这样的诗水平真的是很卑下，而且选题糟糕至极。但这就是一个传说，真假无从分辨。

除了这类传说外，还有一些诗是可以考证清楚的。比方说李白名下有一首《傀儡诗》——

刻木牵丝作老翁，鸡皮鹤发与真同。

须臾弄罢浑无事，还似人生一梦中。

这首诗讲一具被雕刻成老人的牵线木偶，"鸡皮鹤发"，和真人一模一样。被牵动时，生龙活虎，但傀儡戏演完以后就被扔在一旁，像人生一梦。这首诗据说唐玄宗退居西内以后曾经吟诵过，并且记载创作者是李白。然而在《全唐诗》中这首诗同时出现在三个人名下——唐玄宗、李白以及梁锽。梁锽名下的这首诗的题目叫"咏木老人"。现在普遍认为，这首诗的作者只可能是梁锽，他是与李白、高适同时代的一位年轻诗人。因此，这首诗肯定是唐诗，但对李白来讲，它就是伪诗。

还有些情况，虽然存在很多怀疑，但没办法做很清楚的判断。比方说这一首李白的《戏赠杜甫》——

饭颗山头逢杜甫，头戴笠子日卓午。

借问别来太瘦生，总为从前作诗苦。

李白和杜甫曾经有大概一年左右的时间经常在一起，关系很密切，但分开以后，杜甫不断地怀念李白，李白却好像根本没这回事情一样，这是由两位诗人性格差异很大而造成的。李白是一个主观的诗人，眼中只有自己；而杜甫是一个入世的诗人，很注意其他人的情感的变化。就这首诗来讲，最关键的问题是"饭颗山"。我们在中国找不到这么一座山，中国之大，这座山是不存在的。再一个问题是，在这首诗中，李白对杜甫到底怀有怎样的感情。如果这首诗是李白作的，显然李白在讥讽杜甫才情不够（郭沫若认为这样的口气表达出李白对杜甫很亲切的关心，这也是一种说法）。但由于诗中的"饭颗山"是一个无法解释的谜题，所以尚没有人能够做出让所有人都信服的解释。进一步说，这首诗到底是不是李白所作的，也就只能存疑了。

当然，在李白的名下也有许多纯属附会的诗歌。因此就李白个人来讲，名下存在许多伪诗，有疑问的诗大概超过一百首，很多学者发表了各种有证据或者是没有证据的怀疑的议论。对于这些议论，既没有办法推倒，也没有办法求得更可靠的证据，因此只能存疑。

而对于一代文献的研究，必须确定以下几个原则。第一个原则即所谓的唐代诗歌，规定了《全唐诗》收诗之起讫时间，上限是唐开国即武德元年（618）五月，下限因十国之亡有先后，因地方之不同，有九六〇年至九七九年之不同。如果所收诗歌的创作年代是在这段时间之前或之后的，就可以被认为是伪诗。第二个原则是，它必须是诗而不是文章。第三个原则是必须用汉语创作，而非日文或中亚文字。第四个原则，这些诗歌可以是中国人到日本、新罗等地写的诗，也可以是日本人、新罗人入唐以后，用汉语写的诗；但是如果是外国人在国外所写的汉诗，就不能收入《全唐诗》。以上四条原则，确定了《全唐诗》应当收录的范围。

二十世纪八十年代，我曾经撰写《全唐诗误收诗考》（《文史》，1985 年第 24 辑），其中罗列了《全唐诗》误收的十种情况。第一种，唐以前的作者因事迹失考而误作唐人收入进来的。比如说《全唐诗》收入的一位诗人叫徐之才，不算很有名，但他是北齐时人，在《北齐书》中有传，最近几十年他的墓志铭也出土了。那为什么《全唐诗》会把徐之才收进去呢？因为在明代流传一本书，叫《玉台后集》，其收诗的范围实际上是从梁末到中唐前期，包括北齐、北周、隋等。在《全唐诗》编纂等过程中，人们看到了《玉台后集》

中收了徐之才的诗，却不知道他的事迹，于是就一并作为唐诗收进来了。第二种情况，是唐以前作者的诗误归唐人名下而收入者。比如说《全唐诗》中李商隐名下有两句诗："头上金雀钗，腰佩翠琅玕。"这两句诗出自曹植的《美女篇》。再比如，陆龟蒙名下有六首《子夜歌》，其实都是东晋时的民间作品。第三种情况，是隋唐之际作者在隋所作诗。以上三种情况说明了《全唐诗》误收唐以前诗歌的原因。

第四种情况，是宋及宋以后人因事迹失考而误作唐人收入者。比如北宋诗人胡宿，《宋史》有传，并有文集《文恭集》存世。《全唐诗》之所以误收胡宿的诗，是因为金元之间的诗人元好问，在他的名下有一本唐诗选《唐诗鼓吹》，其中收入了二十首左右胡宿的诗，后来编纂《全唐诗》时就这样错误地延续了下来。第五种情况，宋人姓名与唐人相同而误收其诗为唐人诗。古今姓名相同是很常见的事情。比方说《全唐诗》里收入的郭震，唐代的郭震是武后到玄宗初年的一代名将，宋代初年成都的一个处士也叫郭震。两个人的字不同，唐人字元振，宋人字希声。再比如说周渭，唐中期有一个周渭，宋初也有一个周渭，《全唐诗》中周渭名下的诗，实际就包括了这两个人的诗歌。第六种情况，是宋初人误作唐末五代人收入者。也就是说宋代初年有些人事迹不是很显著，一直被认为是唐人，比方说李九龄、滕白、廖融、刘兼等，都是宋初时人。第七种情况，是由五代入宋者入宋后所作诗。譬如乾康，是湖南的一个和尚，从唐末一直活到了宋初。还有《全唐诗》中所收的何象，当作何蒙。《全唐诗》收入的何象诗，是投献给宋太宗的。何蒙另有一诗创作于南唐，《全唐诗》没有收入。因此，对于跨代的诗人来说，很难编得很完整，鉴别很困难，但这是一项有必要去做的工作。第八种情况，是宋及宋以后人诗误作唐五代人诗收入者，属于这种情况的诗人，过去我们知道有戴叔伦、殷尧藩、唐彦谦，现在又发现了张继、牟融、陈元光、田颖、吕从庆、莫宣卿等人。

第九种、第十种情况分别是，仙鬼之诗必出于宋及宋以后人之手者，以及宋及宋以后人托名唐五代人或神仙所作诗。这里举三个例子。第一首是五代后蜀国主孟昶的《洞仙歌》。这首诗在北宋时很有名，苏轼说，他早年在蜀中的时候，碰到一个老尼姑，自陈早年是后蜀宫中的宫女，记得当年孟昶和花蕊夫人在摩诃池上游玩，写下《洞仙歌》，开头两句"冰肌玉骨，自清凉无汗"。于是，苏轼根据这两句，敷衍出一篇词《洞仙歌》：

冰肌玉骨，自清凉无汗。水殿风来暗香满。绣帘开，一点明月窥人，人未寝，欹枕钗横鬓乱。

起来携素手，庭户无声，时见疏星渡河汉。试问夜如何？夜已三更，金波淡，玉绳低转。但屈指西风几时来，又不道流年，暗中偷换。

155

问题在于，之后的人拿出这首所谓由孟昶所作的词，说是一首《木兰花》，即一首压仄韵的七律诗——

　　　　冰肌玉骨清无汗，水殿风来暗香满。

　　　　绣帘一点月窥人，欹枕钗横云鬓乱。

　　　　起来琼户启无声，时见疏星渡河汉。

　　　　屈指西风几时来，只恐流年暗中换。

　　显然，这就是把苏轼的《洞仙歌》再改写为仄体的七律。到了南宋的时候，有人在摩诃池上面施工，挖出了一个石刻，石刻里边刻了一首词，前面两句正是"冰肌玉骨，自清凉无汗"，后面完全不同，因此后来认为被发掘出来的这首词才是孟昶的原作。但马上又有人反对，认为发掘出来的这首词风格太差，不符合孟昶的水平。因此至今尚无定论。

　　另外一个例子，现在成为学术史上重大的公案，即司空图的《二十四诗品》。这首诗同样被收入《全唐诗》中。我在一九九三年提出《二十四诗品》为伪书的说法，认为现存的《二十四诗品》是明末人根据《诗家一指》中的《二十四品》一段，托名司空图的伪作。试举一例——

　　　　畸人乘真，手把芙蓉。泛彼浩劫，窅然空纵。

　　　　月出东斗，好风相从。太华夜碧，人闻清钟。

　　　　虚伫神素，脱然畦封。黄唐在独，落落元宗。

这首诗中，"月出东斗"一句，有一种解释认为其中的"东斗"是道教名词，但释读下来，可能有一个非常简单的结论，这句诗化用了苏轼《赤壁赋》"月出于东山之上，徘徊于斗牛之间"，将两句压缩成一句。因此，《二十四诗品》显然是在苏轼以后创作的。

这里的第三个例子是吕岩，也就是人们常说的吕洞宾。浦江清先生的《八仙考》认为，吕洞宾的传说是北宋中期庆历年间在岳阳一带兴起的。我后来做了一些考证，比浦江清先生的说法大概提前了五十年，在宋太宗初期吕洞宾的传说已经在陕北出现。过去我一直以为，吕洞宾传说为宋人编造，宋以前全无痕迹可寻，近日因一则记载而稍有改变。宋初乐史《太平寰宇记》卷一〇九"吉州"载："雪浪阁，在县北崇元观。吕洞宾有诗云：'褰裳懒步寻真宿，清景一宵吟不足。月在碧潭风在松，何必洞天三十六。'"（参见拙文《吕洞宾的最早记录》，收入《濠上漫与》，中华书局2019年）这首诗，很可能真的是吕洞宾自己所作，而且创作时间可能是在五代的中后期。关于吕洞宾真实的家世与经历，已经不可考，只能确定他应该是从南唐入宋的一个道士，可能有一些仙迹，后来宋人凡是碰到不可解释的事情，就认为是吕洞宾来了。这样一来，围绕吕洞宾的传说越来越多。现存吕岩名下的诗歌，少说也有三千至五千首，真正的作者可能是宋人、金人、元人、明人甚至是清人。

因此，伪诗是一个非常复杂的现象。造成《全唐诗》误收的原因很多，主要原因是传误，即诗歌在流传的过程之中，文本之残缺、讹误，以及其他非人力的原因所造成的过失。另外两个原因，一个是依托，即托名于某个名家撰写的诗篇，一个是伪造，因为唐诗卖得好，而书肆里没有合适的、好的文本，就从各种途径找来诗歌，以唐诗为名刊印。据我所知道的，现存《全唐诗》中非唐人所作的，超过一千首，唐诗之间，互见、传误的作品大概在六千到七千首，也就是说，《全唐诗》四万九千多首诗中，有七八千首诗是有疑问的。但其实，对于一般的读者来说，这些有疑问的诗是读不出问题的，原因就在于一般读者没有能力占有全部文献，很难做出判断。我个人近三四十年一直在做一件自己觉得还是有意义的工作，那就是对《全唐诗》的考订和编撰，已经接近完成，希望两三年之后能与读者见面。

唐诗中的伪好诗

特别要说明的是，唐诗里确实有好作品，但其实唐诗未必都好，伪诗也未必都烂。我们一方面需要提倡科学的态度，另外一方面也要知道，好坏和真伪不是同等的概念。如果我们稍稍转变一下立场，不难发现伪诗中尽多好诗，只不过在流传过程中遇到一些与作者全无关联的意外状况而已。换句话说，一首诗要从宋代甚至明代，顺利地混到唐代，没有它自身的优势，能做到吗？当然，唐人有唐人的优势，唐代用今天的话来说，是一个物欲横流的时代，是一个每个人可以自由地思考的时代，这一点和之后的时代有根本的不同。因此，我们有一个观念一定要改变，那就是诗不一定只有唐人才写得好，其实宋、元、明、清各代的诗都是越写越好的。

伪好诗里边最有名的是杜牧的《清明》，但是《全唐诗》中并没有这首诗，杜牧的文集里面也没有。这首诗之所以有名，是因为在宋末的时候，被编入了《分门纂类唐宋时贤千家诗选》，成为宋元明清以后各代小学读本里边的诗歌。对于这首诗的流传历史，我来做个梳理。这首诗收录于南宋中期的两种类书，在谢维新的《合璧事类别集》里边是作古选诗，在《锦绣万花谷后集》里是作唐诗，但是都没有说是杜牧所作。最早将其作为杜牧的诗，现在能够看到的是《分门纂类唐宋时贤千家诗选》，日本所藏的一个宋刻的善本。从宋末开始，《千家诗》以及其他一些诗集都收了这首诗。宋元之间的瓷州窑的题诗有这么两句："禁烟山色雨昏昏，立马垂鞭看右贾。借问酒家何处好，牧童遥指杏花村。"我无法解释这首诗是比这首《清明》早还是晚。但这前面两句和后面两句是不搭的，不知道是什么原因。南宋何应龙的诗歌之中可以看到也是有关系的："八十昂藏一老翁，得钱长是醉春风。杏花村酒家家好，莫向桥边问牧童。"这首诗显然是在《清明》出现以后，根据后者改写的。

在此，且说说《全唐诗》中的伪好诗。

第一首，骊山游人《题故翠微宫》——

翠微寺本翠微宫，楼阁亭台几十重。

天子不来僧又去，樵夫时倒一株松。

诗见《全唐诗》卷七八四。诗的来源应该是《诗话总龟》卷二四引《谈苑》："翠微寺在骊山绝顶，旧离宫也。唐太宗避暑于此，后寺亦废。有游人题云（诗略）。"《谈苑》即《杨文公谈苑》，是黄鉴根据著名文人杨亿晚年所谈写成的一部笔记，原书不存，宋人各书引录很多，今人李裕民有辑本。杨亿晚年约当宋真宗末期，时去五代入宋仅五六十年，后人即此怀疑这首歌咏唐代史事的诗出自唐人，也可以理解。

翠微宫，经考证可能在骊山华清宫附近，到唐末的变乱衰落以后，变成了翠微寺。《题故翠微宫》一诗诗意直白而简单。这里本来是一处皇家宫苑，规模宏伟，亭台楼阁层层迭迭，何等繁盛。后来，皇家不再来了，就施舍给寺院做功德，这样又维持了很长时间。然而现在，皇帝是早就不来了，寺院也不知何故，无法维持了，和尚也不见了。眼前一片荒凉，但还有一些人气，砍柴的樵夫正在砍伐松树，这松树可是皇家寺院的古松，也许有几百年了。通过这一场景，这首诗所表达的世事沧桑之感，与元稹诗句"白头宫女在，闲坐说玄宗"，有异曲同工之妙。但这首诗到底是谁作的？宋元间，这首诗曾被传为唐代著名诗人所作者，如《竹庄诗话》卷一五引《瑶溪集》作武元衡诗，题作"山顶翠微寺"，《类编长安志》卷九作刘禹锡诗，题作"翠微寺有感"，但二家别集皆无此诗，应属误记。比较可靠的记载是南宋周辉《清波别志》卷二："元微之有一绝句：'寥落古行宫，宫花寂寞红。白头宫女在，闲坐说玄宗。'洪景卢谓语少意足，有无穷之味。辉幼时亦得一诗云：'翠微寺本翠微宫，楼阁亭台数十重。天子不来僧又死，樵夫时倒一株松。'乃张俞所作也，思致不减前作。"洪景卢即洪迈，他在《容斋随笔》中称赏元稹《行宫》诗"语少意足"，回味无穷，周辉认为此诗足与相当，他得知此诗作者是张俞。张俞，又作张愈，字少愚，号白云，成都附近的郫县人。他在科场屡举不第，宋仁宗时曾上书言边事，授校书郎，随即归隐以卒。因此，这首诗其实是北宋中期创作的。

第二首，太上隐者《答人》——

偶来松树下，高枕石头眠。

山中无历日，寒尽不知年。

《全唐诗》卷七八四收此诗，不云作者时代。其来源应该是《诗话总龟》卷一八引《古今诗话》云："太上隐者，人莫知其本末。好事者从问其姓名，不答，留诗一绝云（诗略）。"我认为更可靠的记载是南宋书坊编《王状元集注分类东坡先生诗》卷四《赠梁道人》注引《池阳集》引滕宗谅《寄隐者诗序》："历山有叟，无姓名，好为歌篇。近有人传《山居书事》诗云云。"滕宗谅即范仲淹《岳阳楼记》开始所说"庆历四年春滕子京谪守巴陵郡"之滕子京，他生活在宋仁宗时，他的《寄隐者诗序》全篇不存，据此节引的片段，知道这位自称太上隐者的隐士，所住地历山在今安徽贵池附近，生活时代与滕相接，可能年长一些，但绝不会是唐人。诗的原题也应是"山居书事"。

但这首诗确实是一首好诗，原因在于他真正写出了隐士的情怀。唐代明瓒和尚《乐道歌》最后一节云："世事悠悠，不如山丘。青松蔽日，碧涧长流。卧藤萝下，块石枕头。山云当幕，夜月为钩。不朝天子，岂羡王侯。生死无虑，更须何忧？水月无形，我常只宁。万法皆尔，本自无生。兀然无事坐，春来草自青。"写出隐者远离世嚣，亲近自然，不委屈于世务，不忧患于生死，完全超脱世事的感受。太上隐者的这首五绝，恰是对《乐道歌》最简明的概括。人生随意，不必有求，更不必关心世事的变化，一切尽可随心所欲。偶来树下，枕石而眠，只是适意，不需要理由，更没有时限。山中连历日都没有，当然更不关心天气冷暖，时光流逝，随顺自然，无忧无虑，这是真隐者的情怀。诗意很简单，但确是无欲无求的真隐者之态度。

第三首，杜常《华清宫》——

行尽江南数十程，晓星残月入华清。

朝元阁上西风急，都入长杨作雨声。

《全唐诗》卷七三一收此诗，作者事迹无考，小传云"唐末人"，出于附会。南宋周弼编《三体唐诗》，以此首为全书第一篇，即认为是唐人最好的诗。再往前追，则胡仔《苕溪渔隐丛话前集》卷二四收入《唐人杂记》，且说明所据为《西清诗话》。再看《西清诗话》卷上，云"世间有才藻擅名而辞间不工者，有不以文艺称而语或惊人者"。下录"近传"之此诗及方泽《武昌阻风》。《西清诗话》作者蔡绦是权臣蔡京的儿子，书则作于南渡初，所谓"近传"，当是南北宋之间事。至胡仔认识稍有偏颇，周弼更推一程，就认定为唐诗。

其实此诗石刻在华清宫，明人还见到，明朱孟震《河上楮谈》卷二录诗共四首，署"权发遣秦凤等路提点刑狱公事太常寺杜常"，更有杜诩跋，称是杜常"自河北移使秦凤，元丰三年九月二十七日过华清"而作诗。《河上楮谈》录诗前二句作"东别家山十六程，晓来和月到华清"，应该是作者的原诗。杜常，《宋史》卷三三〇有传，他字正甫，卫州人。登进士第后，历任使职。元符元年（1098）知青州，次年改知郓州。崇宁二年（1103）自徐州移知镇州。崇宁末，以龙图阁学士知河阳军，卒年七十九。说这首诗是宋诗，应该没有疑问了。

杜常的家在卫州（今河南新乡）一带，因受命处理秦凤

（今陕甘接界处一带）刑狱公事而入关。华清宫在临潼骊山下，是唐代著名的皇家宫苑。大约作者行色匆匆，临晨方到临潼，且天气不好，风雨交加，在诗中写出来，则引起"多少楼台风雨中"的无限感伤。诗写得很流动，写景纪行的画面感很强，感伤借画面传出，不加议论而引人无限联想。诗的后两句写景引起议论，包含无限的感伤。

第四首，方泽《武昌阻风》——

> 江上春风留客舟，无穷归思满东流。
>
> 与君尽日闲临水，贪看飞花忘却愁。

这首诗的流传轨迹，与上引杜常一首一样，也被称为很有唐人风韵。只是方泽不像杜常那样有明人所见石刻与正史传记，可以确定无疑。方泽生平资料比较零散，据《莆阳比事》卷三、《续资治通鉴长编》卷二六七、《山谷诗集注》卷一八、嘉靖《邵武府志》卷四所载，可以大抵拼出他的生平：字公悦，莆田人；熙宁八年（1075）为大理寺丞，旋除江西路提举常平事；元祐五年（1090）知邵武；元符元年为吏部郎中；寻贬知万州；建中靖国间官鄂州，与黄庭坚多有唱和。这样看，与《西清诗话》所讲的"近传"是契合的。

诗是作者晚年之作，细节较难还原。较大可能是在知万州或官鄂州放归时所写。鄂州临近武昌，作者家在闽中，归乡首先是沿江东下。也许是久未还乡，也许是家有急事，他是赶急着希望尽快还乡。然而因为江上阻风，预定的行期难以成行，只能留下。诗人解释，这是春风多情，故意留客。后两句中的"君"，应指春风，大风不停，自己日日临水以卜行期，好像与风有约一样。虽然归心如箭，归思无端，但春风春花，又给自己以无穷慰藉，在迷人春色中忘却了愁思。诗写得很随意，但又风流蕴藉，给人以进留各有所得的感受，深得诗人温厚之旨趣。

第五首，唐彦谦《采桑女》——

> 春风吹蚕细如蚁，桑芽才努青鸦嘴。
>
> 侵晨探采谁家女？手挽长条泪如雨。
>
> 去岁初眠当此时，今岁春寒叶放迟。
>
> 愁听门外催里胥，官家二月收新丝。

诗见《全唐诗》卷六七一，稍早则见明刊《鹿门诗集》卷下。社科院文学所本《唐诗选》收有此诗，上海辞书版《唐诗鉴赏辞典》各版均收此诗。艺术上比较直白，就写阶级剥削来说，确是少见的贴切之作。

就直观来说，此诗有一疑问，聂夷中《伤田家》"二月卖新丝，五月粜新谷"，是有名的诗篇，此诗末句似有依傍或抄袭之嫌疑。但就唐、聂二人生平来说，基本是同一时代之人，谁抄谁就难说了。

然而存世唐彦谦《鹿门诗集》，前人多有质疑。唐人郑贻、五代薛廷珪、宋初杨亿均曾辑唐集，没有保存下来。明刊《鹿门诗集》三卷，存本甚多，近人朱绪曾《开有益斋读书志》卷五《剡源逸稿》云此集"多误收《剡源》之作，与三十卷诗同者六十二首"。今人郑骞《有关唐彦谦之札记六则》（《东吴文史学报》，1976年第1辑）、曹汛《唐彦谦诗中的所谓孟浩然父子》（《中华文史论丛》，1983年第3辑）、王兆鹏《唐彦谦四十首赝诗辨伪》（《中华文史论丛》，1993年第12辑）先后揭出唐集中误收的元戴表元诗四十多首。朱绪曾所见《剡源逸稿》，今不存，以至今人所见戴诗未及朱氏之多。今人重新编定全部唐彦谦诗，唯一的办法是为他可靠的诗找到明初以前书证，今知约九十首，剔除误收戴诗四十多首，另不知真伪而只能存疑者尚有五十多首，这首《采桑女》恰在其中。

仔细读诗，可见作者对南方采桑女的生活观察得很仔细。春风初起，蚕宝从卵中孵化而出，细小如蚁，而桑条也才初绽幼叶。今年春寒，桑叶较往年迟开，如果在以往，最早的一批蚕已经长成吐丝了。官府哪管时令早晚，到了时间就逼迫蚕家缴纳新丝，已经到家家户户叩门催促了。蚕女无力反抗官家，只能更加地早起晚睡，即便如此也无可奈何，"手挽长条泪如雨"，进退失据，痛苦而绝望。放在宋元之际的诗坛来说，这首诗也是好诗，是很少见到的真实反映江南蚕桑女生活的作品。

第六首，戴叔伦《题稚川山水》——

松下茅亭五月凉，汀沙云树晚苍苍。

行人无限秋风思，隔水青山似故乡。

初版《唐诗鉴赏辞典》收戴叔伦诗五首，仅《除夜宿石头驿》《三闾庙》确为戴作，另三首皆伪。其中——

兰溪棹歌

凉月如眉挂柳湾，越中山色镜中看。

兰溪三日桃花雨，半夜鲤鱼来上滩。

苏溪亭

苏溪亭上草漫漫，谁倚东风十二阑。

燕子不归春事晚，一汀烟雨杏花寒。

上海古籍出版社出版的《唐诗一百首》，上海辞书出版社出版的《唐诗鉴赏辞典》，都收了戴叔伦的这两首诗。确实都是好诗，写景如画，非常生动。但是仔细地研究发现，这两首诗其实都是明代初年一个不知名的诗人——汪广洋的诗。汪广洋大约是明洪武时做了一个小官，有诗集《凤池吟稿》存世，以上这两首诗都出自汪广洋《凤池吟稿》卷十，而且《兰溪棹歌》实际是三首，通过比较另外两首《兰溪棹歌》，可以相信这三首诗是同一个人的作品。

而这首《题稚川山水》，中国历史上最有名的"稚川"是葛洪，但葛洪生活的时代有山水画吗？如说是写稚川的景色，偏偏稚川是道家传说中的仙都，要写也不该是这样的山村景色。今人熊飞《戴叔伦诗杂考》(《唐都学刊》，1994 年第 3 期)认为是明初刘崧诗，见刘著《槎翁诗集》卷七。"稚川"为罗稚川，元明间画家，揭傒斯、乃贤、林弼等皆曾题其画。有这样的考证，对其真伪似乎已经可以不必多加讨论。

那么，为什么明初人的诗会进入《全唐诗》，归收到戴叔伦的名下呢？原因出在明中期以后在前七子"诗必盛唐"口号的倡导下，明人写诗普遍学唐，书坊也顺势而动，抢印可靠的唐集，也顺便伪造唐集以射利，《戴叔伦诗集》两卷就此出笼。《全唐诗》会聚真伪诗之大成，收戴诗约三百首，半数为伪。今人蒋寅《戴叔伦诗集校注》(上海古籍出版社 1993 年初版，2008 年增订)广稽历代典籍，将戴集真伪基本理清了，读者可参看。但其实，明人伪造戴集，还是花了很大气力的，《唐诗鉴赏辞典》中周啸天为这首《题稚川山水》撰文云："这里的写景，着墨不多，有味外味，颇似元人简笔写意山水，确有'可望而不可置于眉睫之前'的意趣。"现在确定这就是一首元人题写元画的诗。

第七首，吕岩《梧桐影》——

落日斜，秋风冷。

今夜故人来不来，教人立尽梧桐影。

诗见《全唐诗》卷九〇〇,作词收录,源自《花草粹编》卷一。其实《梧桐影》的词牌即源于此篇,原作应是诗而非词。较早记录见南宋初曾慥《集仙传》(《山谷内集诗注》卷一六《次韵高子勉十首》之一注引),题作"题汴都峨眉院法堂屋山"。吕岩就是吕洞宾,是宋以后最有名的唐末大神,今知挂在他名下的诗作约有数千首,有宋以后各代伪造者。今人认为几乎无一可靠,大致不错。

大梁就是北宋的东京。此诗包含一动人故事。峨眉道者持律严格,历二十年不下讲席,是一位有道高僧。某日一位高大伟岸的布衣,穿着青裘而来,与道者畅谈良久,约明年此日再相见。到明年此日,道者端坐而逝,伟人来而不见,叹息许久,留下这首诗。伟人没有留下姓名,因此传为吕洞宾现身而作。

这首诗的主题是等待,是忘形友人间契阔生死的等待。黄昏落日,秋风渐寒,相约见面,然而老僧已经远行。生死能够分隔彼此的友谊吗?约定的见面还是不能违背的。僧家喜欢讲因果轮回,道家自能返魂摄魄,都相信灵魂不远,今夜必会归来。诗很质朴,首两句点出时间氛围,第三句很直接,远行的故人,今晚你能回来吗?你还记得我们的约定吗?"教人立尽梧桐影",你看到我了吗?我就在去年说定的梧桐树下等你。梧桐是一种高大的大叶乔木,月光在梧桐叶间泻下,移动的月光代表时间的推移。我为你彻夜守候,我相信你会来的,我看到了月升月落,我看到了月影在梧桐叶间起舞挪移，我还在等待，相信你的承诺。

　　宋元人遇到高道异人有不识或无名者，皆喜用吕洞宾现身来解释。这首短诗寥寥二十字，写尽友谊、等待、坚守和希望，能说不是好诗吗？至于是谁作的，关系倒不大了。

　　二〇一九年十月二十六日新华·知本读书会第七十六期

宋词与中国抒情传统的美学发展

陈建华

从"一代有一代之文学"说起

所谓抒情传统中的美学发展，实际上是相对文学史而言的。从文学史角度来讲宋词的美学发展，并不能限制在宋词方面，还要牵涉到文学史的丰富脉络。为什么讲宋词要讲中国的抒情传统？什么是抒情传统？宋词在哪方面继承了抒情传统？这要从"一代有一代之文学"这样一个观念说起。

王国维在《宋元戏曲考》中说："凡一代有一代之文学：楚之骚，汉之赋，六代之骈语，唐之诗，宋之词，元之曲，皆所谓一代之文学，而后世莫能继焉者也。"中国文学传统源远流长，每一代有它独特的贡献。汉赋、六代骈文、唐诗、宋词、元曲，看上去就是一个不断发展的过程。但也有人提出不同的意见，钱锺书在《谈艺录》中说："'汉赋、唐诗、宋词、元曲'之说。谓某体至某朝而始盛，可也。"词到了宋代才兴盛起来，戏曲也是这样，到了元代才产生了大量的作家和作品。但是要说宋代只有词最优秀的话，钱锺书认为这也有问题，他举了汉赋的例子，司马相如以及其他的作家造就了汉赋的辉煌。但钱锺书又说，难道司马相如就一定比得上司马迁？司马迁的《史记》也是在汉代写的，其中的文学意味非常丰富，一些人物传记完全可以当作文学经典来阅读。再比如唐诗固然取得了辉煌的成就，但它可以跟汉代的文章相比吗？宋诗也有大量的作品，甚至数量上超过了宋词。在钱锺书看来，这样说唐诗宋词，无意之中就遮蔽了同时代其他的文学成就，比如诗歌、散文。宋代的散文也非常了不起，出现了欧阳修的《醉翁亭记》以及其他一些经典的名篇。钱锺书的这个说法，我觉得也不是没有道理。现在来看"一代有一代之文学"，一方面我们承认宋词从文学性或文学的创造性来说，是前所未有的，开创了一代新的文学景观；另一方面也应当认识到宋词只是整个宋代文学的一个比较主要的部分。

既然是讲美学的发展，那么宋词当然也要跟唐诗来比较，甚至要跟宋诗来比较，实际上也就是要把宋词的美学发展放到整个中国文学发展脉络当中来看，要兼顾到"上下左右"。所谓"上下"，就是说既然宋词属于韵文，是从诗歌这个大家族里发展出来的，那么就要讲到《诗经》《楚辞》，也要考察宋词与宋诗的关系，甚至跟前代诗歌的关系。也就是说，词家留下了优秀的作品，往往借鉴了前人或者同时代人的文学成果。通过比较才会发现，原来经典之作并不是某个作家凭空创作的，而是在把握传统、充分学习前人优秀手法的基础上推陈出新的。这里边就牵涉到一个更大的问题，文学到底是什么？文学跟传统是怎样的关系？为什么我们阅读文学作品要懂得传统？这跟我们对文学经典的认识是密不可分的。

什么叫经典？评定一个经典之作，也就是评定它在传统当中的地位。我们谈中国文学，少不了要谈《红楼梦》《三国演义》《水浒传》《金瓶梅》等作品。现在谈中国文学，经常是在世界文学这样一个大视野中来谈，这也是近些年中国文学研究中一个比较好的倾向。关于经典与传统之间的关系，研究世界文学或现代文学的人经常引用 T. S.艾略特在《传统与个人才能》中的观点：传统犹如给经典排座次，作家以创新为天职，在天才的行列中辨识自己，其是否能完成继承与超越也必然留给世人来评定。但是，艾略特说这个传统本身是流动的，并不是一成不变的。

什么是"抒情传统"？为何"宋词"？

中国文学，如汉赋、唐诗、宋词、元曲，本身就显示了一个大传统。从文学理论或者文学批评方面来说，中国文学的历史非常悠久。如曹丕的《典论·论文》，就是中国最早的文学批评与文学理论，他提出"文以气为主，气之清浊有体，不可力强而致"。也就是说文学创作的确要有些天赋，这不是创作者可以从别的地方得到的。曹丕又说："盖文章，经国之大业，不朽之盛事。年寿有时而尽，荣乐止乎其身。二者必至之常期，未若文章之无穷。"认为人的生命有限，但是文学的生命是无限的，一个人创作了好的作品，名声就会流传后世。他在这里已经预言了一个文学传统。我们经常说汉魏是文学的一个辉煌时期，曹丕的《典论·论文》是标志之一，它讨论了个人才能与传统之间的关系，意味着中国很早就产生了文学的自觉。

为什么我们要把宋词跟抒情传统联系起来？最近几年，在中国文学研究领域，"抒情传统"一说非常流行。早在二十世纪七十年代，美国大学里研究中国文学的一些学者如高友工、陈世骧就提出中国文学的精髓在于抒情文学。文学首先需要动人，要打动人心。无论是《诗经》或《楚辞》，其中多有描写人的感情，而且这些作品多是岿然不动的经典。当然，《诗经》三百零五篇并不是篇篇都抒情，也有讲述故事的，甚至有一些是歌颂周朝的祖先庙堂之作。但一般来说，《诗经·国风》里有很多描写男女之间的爱情、婚姻，是属于抒情的方面。屈原的作品也有非常强烈的感情，而且有丰富的想象，当然也属于抒情的作品。但我们也知道，作品本身的内容是一回事，怎么去判断、怎么去阅读理解则是另一回事。我们现在多把《诗经·关雎》看成青年男女谈恋爱，而汉代流行的批评则认为是周文王用这样的作品来表达后妃之德，也就是有了一个特别的道德含义。屈原在《楚辞》中表达的感情是忠君之爱，里边的"香草美人"富于隐喻、象征的意义，美人指楚王，香草也指高洁的人格，都表达了忠君爱国的思想。一直到后来，哪怕到了唐代，比方说李商隐有很多"无题"诗，我们现在读来，觉得是讲他自己恋爱上的一些经验，虽然写得非常朦胧，但我们并不怀疑这是讲男女之情；但在当时也有不少人仍然用了"香草美人"这样一个美学上的批评标准来看待李商隐的无题诗，认为这些诗是曲折地表达他在当时官场上的不幸、失落和希望。到了梁代的《玉台新咏》，这个作品集里边的诗歌基本上与女性有关，描写男女之情。因为这些诗非常真实，几乎没法套用后妃之德或香草美人这样的一种模式去解释，这就引起了道学之士的反对，称其为"艳诗"。虽然从道德的角度，艳诗是受批判的，但我们今天从文学的角度去看，是一件好事。因为从抒情传统来说，艳诗更加切合人性的表达，从美学发展上来说，是一个进步。

我们讲宋词是从"诗词分家"这一点来讲的，因为到了宋代，词发展得很快，诗也发展得很快。有很多诗人也写词，比如苏轼、黄庭坚、陆游等。宋词是一种新兴的文学样式，联系到钱锺书先生对"一代有一代之文学"的评论，我们还是要在研究中把一个时代里不同的文学样式都考虑在内。

那在宋代发生的诗词分途是什么意思呢？词为什么会得到那么大的发展？词的特点是什么？简单地说，词最初就被叫作"艳体"。词并不是在宋代才出现的，而是在唐代就产生了。从更久远的中国文学渊源来说，中国诗歌有四言、五言、七言，但也有三言、六言。在国风里边经常有三言、四言、五言错落，因此叫长短句。词的起源与民间的歌谣、音乐密不可分。隋唐以来从域外传入的大量"胡夷里巷之曲"（也就是民间歌曲，用我们现在的说法就是流行歌曲），以及从敦煌发现的唐人写本《云谣集杂曲子》，这些都显示出词源起"民间"的初始形态。隋唐以来，燕乐杂曲也有教坊和专家们的创作，可见词产生于民间，即使在其初始阶段已有文人的介入。所以，宋词从一开始就是抒情的。而所谓诗词分途，就是指文学的分工出现了。写诗，就可以什么都写，唐诗里边什么都有，有抒情的，有讲故事的，也有议论的。而我们现在一般认为宋诗是说理的，以讲道理、议论为主。

宋词何以兴盛？

词的本质就是抒情的，首先因为它的音乐性，配上音乐它就具有了普遍地表达大众感情的特性。因为诗词分家，所以写词的人就更加自觉地把写词当作抒情的一个表现。晚唐以来，出现了一些词的名作，李后主李煜就是其中一位创作者。他写的词到今天都脍炙人口，被视作经典，甚至起了一个典范的作用。"林花谢了春红，太匆匆，无奈朝来寒雨晚来风。"这个句子仿佛是随口说出来的，就像我们现在听到的一些流行歌词，虽然通俗，但是表现了语言的天然浑沉。"四十年来家国，三千里地山河。凤阁龙楼连霄汉，玉树琼枝作烟萝，几曾识干戈？"这个一般人写不出来，因为谁都没当过皇帝。他说："一旦归为臣虏，沈腰潘鬓消磨。最是仓皇辞庙日，教坊犹奏别离歌，垂泪对宫娥。"一个皇帝做了俘虏后，描写了国破家亡那一刻。因为阅读文学作品时有一种移情的功效，这一如实的描写，好像让我们过了一把瘾，做了一回皇帝，体验了他当时的心情。其中的那种悲剧性，就引得你产生些许同情，这就是文学抒情的功效。这样的作品就像"自是人生长恨，水长东"，变成了我们的一个口头语，但它里边蕴涵了作者对于人生无常的一番体验。李煜的语言是那么经典，那么深刻，从这个意义上来说，在词的传统里边，甚至在词学批评的美学传统里面，李后主树立了一个典范，被叫作"正宗"，也被叫作"本色"。这两个是美学上的概念，后来词学批评家用李后主的词作为他们批评的一个标准。

宋词之所以成为"一代有一代之文学"，首先在于它给广大的读者留下了相当数量的作品，没有这一点，也成不了一代之文学。李后主是个亡国之君，从他写的词来看，他是一个真正的文学家、艺术家。宋代也有喜欢作词、听曲的皇帝，比如宋仁宗精通音乐，是一个鉴赏家。而且朝廷就有专门的乐府音乐机关，碰到朝廷有什么节庆、喜事，乐府就要出来演奏，配合各种仪式。宋代沿袭了唐代的教坊制度，不光在京城，在地方上也有官方的音乐机关。这也是宋词兴盛的原因之一。像欧阳修，他就常常跟歌女在一起，自己也喜欢作歌词，又作得好，所以乐工、歌女把他写的歌词拿去传唱。这一风气在宋代是比较流行的，虽然朝廷有规定，官员跟这些歌女不能有私下的交往，但实际情况往往比较暧昧。不光是欧阳修，其他一些官员的诗集词集里面也都有跟歌女交往的作品，比如苏轼、黄庭坚等。这是宋代的一种风气，也造就了宋词的发达。

我曾在文章《柳永：词的厄运与荣耀》里写过柳永，柳永在官场上的挫折跟宋仁宗大有关系。虽然现在我们看到的史料，同一件事情有不同的记载，因此也吃不准到底哪一条是真的，但事出有因，明明柳永考试考得不错，宋仁宗最后却把他的名字刷掉了，说这个人喜欢写词，那就让他去写词吧，他不适合做官。另一方面，也可以看到宋仁宗的确喜欢这些曲子。宋徽宗就跟李后主差不多，也是一个做艺术家的料，他也有好多故事。《岁时广记》中记载："宣和六年（1124）元宵，放灯赐酒，一女子藏其金杯，徽宗命作词，以杯赐之。"这个是一条笔记性的材料，说一个女子偷了金杯，宋徽宗说只要词作得好，金杯就送你了。

宋词兴盛的另一个标志是它有很多女性作者。虽然唐代也有一些女诗人，但是远比不上李清照。李清照在宋词上的地位是被一致公认的，且在当时就奠定了，甚至许多男作家对她的才能佩服得五体投地。著名的女词人还有朱淑真、魏夫人，唐圭璋先生编的《全宋词》收录了她们的作品。此外还收录了近六十位女词人，虽然她们名下的作品大多只不过是一两首。这也说明词在宋代的确是普遍流行的。

婉约与豪放：情感的多元空间

如果你了解一点宋词，一定会知道这两个词："婉约"和"豪放"。从感情的类型来说，宋词分成这两大类。婉约就是比较柔软的，豪放是比较硬气的。也就是说宋词是分成软、硬两大类的。我们各举一例。

山抹微云，天连衰草，画角声断谯门。暂停征棹，聊共引离尊。多少蓬莱旧事，空回首、烟霭纷纷。斜阳外，寒鸦万点，流水绕孤村。

消魂当此际，香囊暗解，罗带轻分。谩赢得、青楼薄幸名存。此去何时见也？襟袖上、空惹啼痕。伤情处，高城望断，灯火已黄昏。

（秦观《满庭芳》）

甚矣吾衰矣。怅平生、交游零落，只今余几。白发空垂三千丈，一笑人间万事。问何物、能令公喜。我见青山多妩媚，料青山、见我应如是。情与貌，略相似。

一尊搔首东窗里。想渊明、停云诗就，此时风味。江左沈酣求名者，岂识浊醪妙理。回首叫、云飞风起。不恨古人吾不见，恨古人、不见吾狂耳。知我者，二三子。

（辛弃疾《贺新郎》）

秦观的词属于婉约的代表，另外提起婉约我们还会想到李清照；提起豪放就会想到辛弃疾、苏轼。但实际上苏轼和辛弃疾有很大不同，也有一些批评家认为真正说得上豪放的只有辛弃疾，因为苏轼的面貌比较复杂。在苏轼的词里有各种情绪，有各种题材，许多词作都不那么豪放。但辛弃疾不同，他的词几乎无不显示了他的豪迈之情。秦观在婉约派里边有特别的地位，因为一般认为他的词作都是非常的柔软，甚至也有人说这是他的缺点。秦观的确把感情写得细腻而婉转，比如说"山抹微云，天连衰草"，低回惆怅占据了整首词的表现。"襟袖上、空惹啼痕。伤情处，高城望断，灯火已黄昏。"这是典型的词人，一个多情公子，虽是一种个人感情的抒发，但真的是直达人心。而辛弃疾的"甚矣吾衰矣。怅平生、交游零落，只今余几"，整首词表现了他的豪情壮气，表现了一种要为国家建立功名不负此生的感情。所以婉约、豪放，无非是显示了两个比较主要的感情区域。当然婉约里边还有多种感情类型，豪放里边也有多种感情，从主题来说也有区别。

抒情，作为词的一个主要表现方式，开拓了情感表现的领地，这是词在中国文学的抒情传统中美学方面的一个发展。

从形式上来说，词在表达感情方面有什么样的一些发展呢？从章法来看，一般一首词有前后两个部分，即上、下阕。这使得词在形式上就与诗歌有了区别，比如五绝、七绝、五律、七律，这些都是唐代主要的诗体。每一首诗无论长短，一般来说都有章法，比如起承转合。词分成上、下阕，中间有一个过门，词人往往会区别对待这两个部分，这就跟唐诗的起承转合有所不同了。此外，词有长短句，显然要比五言七言灵活，对于表达感情的流动、变化有更多好处。因此，词作为一种新型的文学样式，为抒情表现开拓了新的空间，然后就看词家怎么各显神通来发展新的表现形式。

温庭筠被称作词的祖宗，因为他的词作被认为是"艳科"的典范。比如：

> 柳丝长、春雨细，花外漏声迢递。惊塞雁、起城乌，画屏金鹧鸪。
> 香雾薄、透帘幕，惆怅谢家池阁。红烛背、绣帘垂，梦长君不知。

（《更漏子》）

初看起来，描写一个女子在闺房里思念她的情人，孤独寂寞。但是我们要注意，从抒情传统来说，最流行的一种写法就是情景交融，诗人在描写景色的时候带有自己的感情。而温庭筠所描写的这个孤独女子，从中很少看到作者的主观感情，并不像情景交融的写法，好像在描绘一幅工笔画，而且有具体的场景，比如帘幕、画屏，这些东西让你感觉这个女子的思念和孤独是被这样一种空间所间隔的，更有一种距离感。"梦长君不知"，甚至她的梦也很难超出她闺房的空间。温庭筠所使用的描写手法几乎是客观的，而其中的感情往往要读者自己去体验，这对于抒情传统来说是一种创革。

再来看欧阳修的《诉衷情》，也是写一个女子：

清晨帘幕卷轻霜，呵手试梅妆。都缘自有离恨，故画作远山长。

思往事，惜流芳。易成伤。拟歌先敛，欲笑还颦，最断人肠。

可以看到，这样的题材和描写手法跟温庭筠之间有着某种联系。但是看欧阳修的描写，第一、第二句就好像是对一幅画面的客观描写，第三、第四句就有点感情的投入，"都缘自有离恨，故画作远山长"，女子因为思念远离的情人，把眉毛画得长长的，其中包含一种感情的暗示。好像告诉读者，因为她有离别之恨，所以她在画眉的时候，"故画作远山长"。再看下阕场景的变化，视点落到了这个女子心里的沉淀上。"思往事，惜流芳。易成伤。"你也可以说这是作者代替这个女子在跟读者讲话，所以这样的一种叙事，使视点和口吻多有变化。到最后，"拟歌先敛，欲笑还颦，最断人肠"，原来这女子是一个歌女，最后三句的场景完全就变了，是作者直接在听这个歌女演唱。但正因为前边已经做了铺垫，所以我们知道这首歌是在表达对情人的思念。当然她这个打扮也是为了应酬，因为她要为这些官员服务，要演唱。但是最后三句直接是作者在场的一个描写，从作者的眼里我们明白，这个歌女非常不情愿，她自己有心思，但还要为他们演唱。所以"欲笑还颦"就非常形象地写出了这个歌女的尴尬。"最断人肠"等于是作者的一个结论，又是某种议论，对读者而言，这也指明了歌女内心的痛苦。所以从这样的一首短词中，我们可以看到它的上下阕转换了布景。而且它非常特别的地方在于歌女跟作为官员的作者是直接地联系在一起的一个整体。

"以词为诗"与"以诗为词"

下边说说苏轼。《水龙吟·次韵章质夫杨花词》是苏轼描写杨花的一首咏物词：

似花还似非花，也无人惜从教坠。抛家傍路，思量却是，无情有思。萦损柔肠，困酣娇眼，欲开还闭。梦随风万里，寻郎去处，又还被、莺呼起。

不恨此花飞尽，恨西园、落红难缀。晓来雨过，遗踪何在？一池萍碎。春色三分，二分尘土，一分流水。细看来，不是杨花，点点是离人泪。

杨花就是柳絮的一种，暮春时随风飘扬。在这首词中，我们看到作者跟描写对象之间在声音、视点上的那种微妙互动。他说"似花还是非花"，好像是花，又不像花，因为柳絮跟一般的花不同，但他已经把柳絮比作花。花在中国传统的诗歌里边就是"香草美人"，经常会有一种象征的意味。在这里，苏轼就把柳絮比作一个美人，它是有生命的。"也无人惜从教坠"，它自己被风吹下来。"抛家傍路，思量却是，无情有思"，这几句就让柳絮活了起来，你也可以说他采取了拟人化的手法。明明是柳絮，却把它当作一个有生命的对象，然后"萦损柔肠，困酣娇眼，欲开还闭"，作者自己好像变成了柳絮。"梦随风万里，寻郎去处，又还被、莺呼起"，柳絮又代表了跟情人分别的痛苦。然后下阕，我们又看到叙事主体的变化。"不恨此花飞尽，恨西园、落红难缀。"作者自己出场，花就变成了他的一个连接的对象，开始自怜自惜起来。实际上也就是感受到春光的消失和自己命运的坎坷。"春色三分，二分尘土，一分流水"，这带有客观的说理成分，春色一共是三分，两分尘土，一分流水，这也是蛮悲哀的。"细看来，不是杨花，点点是离人泪"，在这里，作者跟杨花之间有一种互动，把杨花比作一个脆弱的生命，同时感觉自己也经历了像杨花那样的一种感情。读来可能可以联系到苏轼在政治上的很多挫败。

　　苏轼"以诗为词"，留下了好多词，各种各样的内容都有，这些内容的主题在他的诗里也可以找到。在这方面对苏轼有很多评价，一般认为他是一个大才子，什么东西到他手里都能写词。比如"大江东去，浪淘尽"，那是咏史，成为千古名篇。比如"早生华发，人生如梦，一尊还酹江月"，比较潇洒豁达。另外我们也熟知关于中秋的那首《水调歌头》，"千里共婵娟"。在苏轼那里，题材是多种多样的，而且词这种形式使他特别能表现道家的那种世外之情。实际上苏轼是很矛盾的，不可能真的不食人间烟火，这就是苏轼复杂的地方。

那"以词为诗"是什么意思呢？比方说秦观，他是婉约派的代表，他也有很多诗，但他的诗基本上是比较缠绵的，跟他的词的作风是相通的。宋代有的诗读上去更像词，比如李元膺的《宫体十忆》，其中《忆坐》的"屏帐腰支出洞房"之句，"屏帐"在温庭筠的词里边也经常出现，"洞房"在柳永的词里边也是经常使用，这个跟艳诗的做派是非常接近的。

秦观的《鹊桥仙》，根据的是民间牛郎织女的传说，描写七夕之夜，"纤云弄巧，飞星传恨，银汉迢迢暗度。金风玉露一相逢，便胜却人间无数"。在词中，秦观歌颂牛郎织女之间的感情：每年只相会一次，三百六十四天天各一方，但他们的感情却地久天长。秦观就带有这样的一种感情的超越性。最后说："两情若是久长时，又岂在朝朝暮暮。"不知道现代人是不是会接受这样的一种感情。"胜却人间无数""岂在朝朝暮暮"，有说理的成分。这个说理跟宋诗的特点有关。

李清照的有些词，比方说《武陵春》，最后是"载不动许多愁"，在《如梦令》中，"试问卷帘人"，问秋意如何，说海棠好像还在开，她就说"知否知否，应是绿肥红瘦"，都有一种理性判断。往往词的结尾跟词人的个人性格也有关，李清照是一个非常有主见的女作家。

用典的美学争议

诗跟词的关系，一开始我们从"诗词分家"来看两者之间的关系，只不过是举一些例子来说。这里牵涉到一个理论性的问题，也就是我们今天如何来理解宋词。比方说用典就是一个有争议的问题，因为一般用典的话，如果你不知道它的出典，那就妨碍了你对这首词的欣赏；当然现在有很多选本也会解释这是出自哪个典故。对于读者来说，首先要知道才能够去欣赏，那问题就来了，这样知识性的东西介入词的欣赏，是不是会妨碍感情的直接沟通交流？而在词学里边，用典是一个很重要的问题。张炎的《词源》是南宋时代词学的代表作之一。他在书中认为周邦彦也是一位大家，他用典只用以前的文学里的典故，而不是用经史或者儒家经典，这就加强了其作品的文学性。张炎的这个意见实际上代表了一些有名的词家在美学上的努力。

那么为什么要用典？用典是作者对文学传统的理解。词家如果用了某一个典，比如杜甫、李白，或者更古的屈原、宋玉，那说明他读过这些作品。而且他既然用到自己的词里边，某种程度上也是一种对话、一种感情的沟通。这就使得作品的文学质地、文学质量，有一种厚重的感觉。因为他表达的并不是单个人的感受，而是经过跟文学传统的沟通，用一个时髦的理论术语来说，就是"互文"。"互文"在现在的文学理论当中是一个重要的概念。

张炎在《词源》中高度推崇姜夔，认为他的词风格"清空"，具有一种超然的、高级的审美境界。而王国维则非常不满，他说："《暗香》《疏影》格调虽高，然无一语道著。"这里就涉及姜夔的两首词《暗香》和《疏影》。王国维为什么反对？因为王国维作为近代的一个知识分子、学问家，也受到了当时特定的政治文化环境的影响。对于词，他最推崇北宋，甚至于像古代那种直抒胸臆、情景交融的描写。而对于南宋以后所发展的，比如说用典，他坚决反对，他认为读姜夔的词就像是"雾里看花"——看不清。他也认为因为用了典故，这一类词不能直接打动人心，就给感情的表达带来了隔膜。实际上，王国维已经考虑到中国古典在现代的功能，他希望中国的古典传统能够直接地为现代人所理解，不要搞得太复杂，就是要把某些传统的东西简化。王国维的这个看法跟胡适契合。我们知道胡适是五四新文学运动的代表人物之一，一九一七年他在《新青年》上发表了《文学改良刍议》，提出要打倒中国的文言，他说新的文学、现代的文学就要做到八条，这个八条他认为都跟中国古典文学的弊病有关。其中一条就是新的文学应该为大众所能够理解，因而坚决反对用典。而在宋代的词人看来，比方说李清照，她在《词论》里边提出了一些独特看法。她认为"词别是一家"，就是不能跟诗混为一谈。她还对当时的各个名家进行了批评，"秦即专主情致，而少故实"，秦观的词特点在于他非常细微、缠绵地表现了感情，的确很少用典故。李清照觉得秦观的词"譬如贫家美女，虽极妍丽丰逸，而终乏富贵态"，这个评语蛮刻薄的，说秦观虽然擅长写情，但是缺少一点文人的涵养，就像一个贫家女，虽然长得好，但总是缺乏一些贵妇的仪态。另外，"黄即尚故实"，就是说黄庭坚。黄庭坚有一个理论叫"点铁成金"，提倡在诗里要用典故。他用的典故出自经史子集，甚至小说笔记。他的词跟他的诗差不多，也用典故，但是用得太杂太乱。李清照觉得反而不好，"良玉有瑕"，一块好好的玉反而有了瑕疵。对于用典，李清照认为要用得恰到好处。这是关于用典的一个美学争论。

我们来看一下姜夔的《暗香》《疏影》到底写了什么，大致概括一下它的写法跟一般的抒情有什么不同。

旧时月色，算几番照我，梅边吹笛。唤起玉人，不管清寒与攀摘。何逊而今渐老，都忘却、春风词笔。但怪得、竹外疏花，香冷入瑶席。

江国，正寂寂。叹寄与路遥，夜雪初积。翠尊易泣，红萼无言耿相忆。长记曾携手处，千树压、西湖寒碧。又片片、吹尽也，几时见得？

（《暗香》）

苔枝缀玉，有翠禽小小、枝上同宿。客里相逢，篱
角黄昏，无言自倚修竹。昭君不惯胡沙远，但暗忆、江
南江北。想佩环、月夜归来，化作此花幽独。

犹记深宫旧事，那人正睡里，飞近蛾绿。莫似春
风、不管盈盈，早与安排金屋。还教一片随波去，又却
怨玉龙哀曲。等恁时、重觅幽香，已入小窗横幅。

（《疏影》）

情景交融是最常见的写法，但姜夔并不是写他眼中所见
到的自然景色，而是用了很多的典故，基本上都是文学典
故。历来对这两首词有很多不同的看法，有的说他这两首词
是为范成大写的，范成大当时在官场上有点不得志，所以词
里边的内容是暗示范成大以后一定会官场顺通。他又写到王
昭君，我们都知道王昭君的故事，被远嫁到匈奴，她骑着马
抱着琵琶，是我们熟悉的形象，让人觉得很悲惨。所以又有
人根据这样的描写推测姜夔是在表达南宋两个君主包括后宫
都被匈奴俘虏，一直被囚禁在北方，是宋代的耻辱。也有人
根据这里昭君的典故，认为姜夔有故国之思、黍离之悲，又
是跟国家命运联系在一起。又有人根据"红萼无言耿相忆，
长记曾携手处"，就认为这是在怀念他自己的情人。关于这

首词有各种不同的解释，莫衷一是，批评家拿不定主意。姜夔这两首词《暗香》《疏影》虽然都是讲梅花，是咏物的，但全是虚写，并不写眼前看到一朵梅花，它开得怎么样，而是通过记忆，重现众多文学作品中的梅花，以及诗人们怎么描写梅花，他们跟人物、梅花之间有怎样的一种命运关联。每一个典故都牵涉一个关于梅花的故事，不同的典故都展现了梅花在不同时代、不同空间的影像。姜夔的词就是在这些文学作品当中与梅花的形象、梅花的记忆、梅花跟诗人之间的关系、重叠、交错、影影绰绰，一片朦胧，有点像我们现在说的朦胧诗；但是词人的记忆、感情在里边流动，也就是说这种写法已经跟当时或者是抒情传统里边的一些主要手法不同。因为情景交融是一种写实的手法，就是把自己眼前看见的描述下来，渗入主观抒情。但姜夔这种写法完全是虚写，某种程度上，这也像一幅印象派的画。当时很多人不能接受这种写法，因为跟他们平时所遵循的逻辑相违背。如果我们改变自己对于文学基本写实的观念，那就会接受一种新的模式——感情的欣赏模式。

今天来看姜夔的这两首词，我们强调文学性，那是完全纯文学的，是一种纯诗的表现，也反映了词人在创造新的美学模式，在探索描写感情的新的可能性。

这里还牵涉到另一个更加有争议性的南宋词人吴文英，他写的词当时人觉得难懂、晦涩。张炎《词源》说吴文英的词："如七宝楼台，眩人眼目，拆碎下来，不成片段。"读他的作品一头雾水，不知道它在讲什么。围绕吴文英的批评争议非常尖锐，比姜夔有过之而无不及。张炎跟沈义父都是南宋的词学专家，他们的词论很有影响。沈义父也说，"梦窗深得清真之妙"，清真就是指周邦彦，"其失在用事下语太晦处，人不可晓"（《乐府指迷》）。但到了清代的周济，对吴文英大加称赞："奇思壮采，腾天潜渊，返南宋之清泚，为北宋之秾挚。"（《宋四家词论》）周济是常州词派的理论家代表。到了王国维，他对姜夔基本上完全否定，对吴文英更加不谈，他说："梦窗之词，余得其词中之一语以评之，曰'映梦窗，凌碧乱'。"（《人间词话》）他用吴文英自己写的一句来概括，"映梦窗，凌碧乱"，这的确代表了吴文英创作的一个特点，从修辞手法来说，往往违背通常的逻辑。一般来说，句子应该主谓分明，但是他往往把宾语弄到前面，这样的话，就会让人觉得它的秩序是混乱的，一般人就没法看懂它。二十世纪五十年代胡云翼选注了《宋词选》，认为："南宋到了吴梦窗，则已经是词的劫运到了。"也就是说，到了吴文英南宋词就结束了。他认为南宋的词不好的倾向是追求形式主义，姜夔、周邦彦、吴文英都是这一路的，对于创作来说是不好的倾向，应当反对，吴文英是这里边的极端。但是到了现代，像唐圭璋，对吴文英崇拜得不得了。他说吴文英有五种抒情的主题，有抒羁旅之情者，有抒怀旧之情者，有抒怀古之情者，有抒惜别之情者，有抒伤逝之情者。如果我们从抒情美学看，吴文英对于感情的表现范围非常丰富、多元、有层次，虽然怀古、怀旧、伤逝，都是属于比较低落的感情，但是不得不说，低落也属于抒情传统，人间有很多不理想不愉快的事，为什么不可表达呢？而且唐圭璋说，吴文英的词有五个艺术特点，凝练、细微、曲折、深刻、灵动。灵动指的是什么呢？就是说在他的词的整个结构里边，可以看到情绪的流动，跟一般写词的章法不同。我们说写词，在上下两阕之间换一个场景是最基本的手法，已经是很有变化的了。但是在吴文英的词里，单上阕或单下阕里边就有曲折，就有感情的转换，非常复杂，由此可以看到他的感情的灵动。叶嘉莹先生很早就写过一篇关于吴文英的文章，说他的词是一种极高远的穷幽艳之美的新境界。实际上从晚清以来，对吴文英的词评价越来越高，有人说几乎晚清的一半词家，都是受吴文英的影响。

稍微举吴文英的一首词《惜黄花慢·送客吴皋》为例：

> 次吴江，小泊，夜饮僧窗惜别。邦人赵簿携小妓侑尊，连歌数阕，皆清真词。酒尽已四鼓，赋此词饯尹梅津。
>
> 送客吴皋，正试霜夜冷，枫落长桥。望天不尽，背城渐杳，离亭黯黯，恨水迢迢。翠香零落红衣老，暮愁锁、残柳眉梢。念瘦腰、沈郎旧日，曾系兰桡。
>
> 仙人凤咽琼箫。怅断魂送远，《九辩》难招。醉鬟留盼，小窗剪烛，歌云载恨，飞上银霄。素秋不解随船

去，败红趁、一叶寒涛。梦翠翘，怨红料过南谯。

这首词写送客，我们看到，"送客吴皋，正试霜夜冷，枫落长桥"，实写眼前的景色。"望天不尽，背城渐杳，离亭黯黯，恨水迢迢。"要跟朋友离别，而有离情别绪。但是，"翠香零落红衣老，莫愁锁、残柳眉梢"，这是在写谁？这显然涉及男女之情，根据他的序言，那一天有歌女在船里演唱，然而"念瘦腰。沈郎旧日，曾系兰桡"，他想起自己过去曾经也在这船里面。"仙人凤咽琼箫"，则是下半段，仙人是指她的意中人，他想起自己当初跟情人相似的离别情景。"怅断魂送远，《九辩》难招。"《九辩》是宋玉《楚辞》里的名篇，而那一天歌女一直唱着周邦彦的词，可能他有点失落。但有的批评家就说"《九辩》难招"是他心里想着宋玉的经典，周邦彦他不看在眼里，这是一种说法。《九辩》本身是一个很悲凉的作品，"《九辩》难招"写他跟意中人的分离，意中人一去不复返，这种悲情就通过用《九辩》这样一个典故，来显得他感情的深刻性。"醉鬟留盼，小窗剪烛，歌云载恨"，这又是当前的实际，写这个歌女在歌唱，但是歌唱内容跟别离有关。所以他说："歌云载恨，飞上银霄。"最后说，"素秋不解随船去"，这个句式是吴文英典型的倒装。素秋也就是当时的秋天，船离开了带不走这个素秋。"败红趁、一叶寒涛。"这种句式也有悖通常逻辑，但是也代表了吴文英词作的修辞特点，语不惊人死不休。每每在遣词用句之际，他就要陌生化，这对吴文英来说是一个创新的基本要求。这条原则贯穿在吴文英的词作中，特别是在四字句里边，从来没有重复。他最后说："梦翠翘，怨红料过南谯。"又回到他思念他的"仙人"。送别友人，但离别是双重的，我们也不知道他是真的为跟他的朋友离别而悲，还是他在为跟爱人分手而感到凉。显然他的重点是在讲自己，但是这种虚实描写，并不是按时间顺序展开的，而是在跳动。他的感情一会儿在眼前，一会儿又飞到了前面段落，所以看他的词真的是费尽心机，非常讲究。还有这首词每个句子的第一个字，都是用去声，从音律上来说是有讲究的。这些字对于感情来说——因为去声——就有一种沉重感。按照一般的修辞惯例，是在第三个字或者第五个字用动词，但是他用在每一句第一个字，还都是去声，这是他的独创形式。可以这么说，他越来越得到批评家的关注和称赞，不是没有理由的。当我们对于文学的理解更为深刻，而且更有耐心去读这样一些表面上晦涩的作品时，说明我们的美学趣味在提高；也正因为我们美学趣味的提高，才能理解其中的奥秘。

美学观念的变迁

稍微要谈下诗学与词学的关系。词学是一个独立的批评传统，像张炎的《词源》、沈义父的《乐府指迷》，是南宋时期词学的两部代表著作。他们往往通过树立榜样来定出一些标准，这对词本身的发展起到了很关键的作用，同时也牵涉词的发展和诗之间的复杂关系。诗，是一个大传统，从孔子的时代开始，儒家对于诗就有一系列的论述，比如说"诗言志""诗三百，一言以蔽之，曰'思无邪'"；但词是抒情的，而且一开始就跟当时的流行歌曲连在一起。按孔子的说法，那是郑卫之声，是淫声，是有悖道德，要谴责、要防止的。但是对于词的传统来说，一方面要坚持词的特性，就是音乐性；另一方面要在抒情的同时也提倡"雅正"。此外，词也部分地从中国的古代诗里吸取了一些理论资源。比如柳永，因为他多是跟歌女、乐官打成一片，许多词甚至运用一些俗语俚语，在张炎和沈义父看来这是不入大雅之堂的，所以要反对。到了清代，又出现前后两个写词的热潮，这两个热潮的审美主张分别体现在朱彝尊的《词综》和张惠言的《词选》两部词学作品。《词综》推崇姜夔，但到了清代中期常州词派的张惠言之后，主张就比较不同了，反而要回到古典"诗教"，包括描写手法、比兴手法，或者是要讲究词的微言大义，就是要跟香草美人的传统接轨。这种理论上的表现跟各个时代整个风气的转移，以及词学传统本身的发展轨迹有关。

到了清代之后，豪放派越来越占据重要的地位。原先像张炎、沈义父他们不仅反对柳永，也反对豪放派，认为豪放派不能代表词的正宗，因为词要强调柔软，要强调音乐性。所以在词学传统里边，他们坚持词的特性有一个正确的发展轨道，因而要防止一些倾向，使得词沿着它自身的方向发展。无论是张炎也好，沈义父也好，或者是清代朱彝尊、张惠言也好，某种程度上都是坚持形式主义，讲究内在的细腻以及感情的表现。

今天怎么来更好地欣赏宋词，怎么更有利于我们理解宋词的传统、词的美学发展，就牵涉到一些理论的问题了。比如刚才说的胡云翼，他在二十世纪五六十年代是研究宋词的大家，他的看法代表了当时坚决反对形式主义的立场；现在宋词研究已经有了很大的改变，对于吴文英、姜夔都非常重视，而且有一些人认为对他们的研究还不够。我觉得词学本身的传统是讲究形式主义的，从总体上来说，词的形式主义没有什么不好。当然每一种主义发展到后来会有它的利弊，但我们今天更要在全球范围里去理解。比方说我们现在一谈到西方的诗歌，就说里尔克、T.S.艾略特代表了文学的一种典范云云，实际上之所以里尔克或 T.S.艾略特受到诗人们的一致推崇，是因为他们代表了艺术的某一种高峰，创造了许多美学上的形式。比如 T.S.艾略特的代表作《荒原》，里边充满典故，而且他怕读者不理解，自己做了许多注释。谈起里尔克，我们觉得他的诗是纯诗，他是纯粹的诗的代表。那我们为什么不能这么来看宋词的传统？抒情传统从本质上来说是非常个人的，而且追求形式，其本身就代表了美学的发展，代表了文学的本性。文学的发展一定是受到创造力的推动的。

"正宗"与"本色"

二十世纪是语言学的世纪，在国际学界，美国的新批评发展出了一套批评的系统。欧洲的浪漫主义、现代主义诗人的诗作被他们诠释之后，使读者看到了诗作中诸多的门道，也使读者更理解诗。西方学界流行的俄国形式主义，也发展出了一套批评的术语理论，并对俄国作家的作品进行分析，还办了专门的杂志向国际推广，大家才知道俄国文学是那么的经典。所以，我觉得我们现在要更为深刻地把握宋词的传统，提高我们对于宋词的认识，就要一方面注意刚才我所说的形式主义；另一方面，文学从来不能脱离生活实际，词本身的音律、音乐性也是它的法宝。在词学批评里有另外一种声音，这种声音反而是来自写诗的一些大师。比如明代的王世贞、清初的王士祯，都是诗坛大家，他们谈词跟那些专门的词学传统有所不同，他们看得比较广一些。王世贞举了"李氏"（李后主）、晏氏父子、"耆卿"（柳永）等一系列的人，认为他们代表宋词的"正宗"，这是一种批评。甚至有人说词学最值得表彰的是三个人，一个是李白，一个是李后主，再一个是李清照，这也是一种说法。

在我们所举的词的发展当中，它本身还有两个问题，一个是跟生活之间的关系，一个是跟音乐的关系。柳永是宋词比较早期的开创者，他留下了大量作品，有一点无论谁都不能否认，就是他的词在音乐性上代表了词的正宗。反对柳永的，认为他格调不高，词作里边有些俚俗之语。他跟歌女之间开玩笑写的词，很有民歌的色彩，但实际上也有巧妙的地方。后来因为他的词受欢迎，他就变成了一个专业的写词人，为歌女提供词，由歌女去唱，但这种词也并不是那么好对付的，也要"新词写处多磨。几回扯了又重按，奸字中心著我"（柳永《西江月》）。这也是玩了一个文字游戏，但像这种东西在雅正的词学传统里是不被接受的。如果大家都这么写的话，词好像就会失去它尊严的地位。

实际上每一位词人要创造出自己独特的风格，都需要对传统有各自的选择，比如说我们学书法，先从柳公权入手，后来又学了谁，然后就融汇众家而自成一体。文学作品也是一样，它总有学习的，又有独创的，每一部优秀的文学作品都有一些特殊的配方，而在天才作家那里，又往往是超越配方或套路的。李清照实际上受了柳永很大的影响。柳永词的音乐性跟歌唱实践是打成一片的，所以作品当中甚至留下了跟歌女打趣的作品。李清照一个大家闺秀，不可能到歌场里去，但是对于李清照来说，写词第一最要紧的就是音律，所以她就把音乐跟诗里边的平仄四声结合起来。她的结合要更加细致复杂。我们看《声声慢》：

寻寻觅觅，冷冷清清，凄凄惨惨戚戚。乍暖还寒时候，最难将息。三杯两盏淡酒，怎敌他、晚来风急？雁过也，正伤心，却是旧时相识。

　　满地黄花堆积，憔悴损，如今有谁堪摘？守着窗儿，独自怎生得黑？梧桐更兼细雨、到黄昏、点点滴滴。这次第，怎一个愁字了得！

　　开头十四个字，用了叠韵，还有双声，这打破了常规，跨度太大、太前卫，以致当时许多名家不接受也得接受，因为她用作开头的十四个字，跟她整首词的表达是一个严密的整体。所以词家对李清照这首词大加赞叹，甚至有人统计了整首词里边齿音跟舌音有多少字。也就是说这首词里边是暗藏机关的，为的是表达那种凄切的感情。而且她整首词的韵脚用的是去声，这个词牌是她独创的，因为词牌一般是用平声韵，但李清照为了表达这样的一种情绪，用了去声韵，被认为是树立了一个典范。

　　"独自怎生得黑"这个"黑"（he，入声）字要入声韵，绝大多数的批评家觉得这是绝妙，一般人没胆子把"黑"字来作为韵脚，但是她"独自怎生得黑"，又是感叹又是问句，把整首词压住了。而且最后"怎一个愁字了得"。这首词表现了什么样的正宗或者本色呢？就是她完全不像姜夔、吴文英、周邦彦，不走他们的路，表面上她不讲究形式，她所取的意象来自她个人的生活，看上去都很平常。而且她巧妙地运用了这些比较口语化的语句，"独自怎生得黑"或者是"乍暖还寒时候，最难将息"，或者是"这次第，怎一个愁字了得"，看上去挺家常，但这个的确表现了她的独创性。这一首词代表了李清照词作的艺术造诣，是词的一个绝唱、经典之作。生活现实，锻字炼句，音乐性，这三点对于词学发展来说是最为关键的抒情特质。音韵是表达感情的，要恰到好处体现感情的深刻流动，还要来自生活现实，不脱离生活，因为一旦形式主义走到极端，就会脱离生活的源头活水，也会给创作带来枯竭的影响。所以从这方面来说，我们可以看到词学本身有各种不同的取向，也有各种不同的看法。反映在具体的创作方面就非常多元复杂，而对我们读者来说也有各种不同的取向。

二〇一九年十一月二十三日新华·知本读书会第七十七期

江南稻作生产与中国鸟文化

陈勤建

龙文化研究的不足与鸟文化的发现

我们是谁，我们从哪里来？这是一个全人类亘古追溯的课题。一九九八年，日本的生命科学学会召开了一个全球性的研讨会，议题关于日本人从哪里来，日本的文化如何起源；与会专家大多是研究人类基因的，同时也有像我这样的文化学者。这看起来很奇怪，但实际上人的来源，一群人与另一群人之间的区别，与文化有很大的关系。譬如中国人，常言道我们是龙的传人，这其实是在说，中国的根基性文化是龙文化。二十世纪八十年代，国内的龙文化研究风起云涌，我也恰逢其会，发表过一些观点，也曾为此感到自得。但是有一次会议后，当时的上海博物馆常务副馆长黄宣佩先生叫住了我，他说："你讲的龙文化很是精彩，但我有一点意见和建议，从我的考古实践来看，江南地区四五千年前没有任何龙的迹象，考古上不能证实这一点。"听了以后我感到非常吃惊，因为龙在我们国家似乎已经成为一个公认的话题，很神秘、威严，而且当时的研究更多是对于文献资料的梳理，好像从古至今，不同时代都有龙的存在。

但是正如黄老所说，在江南地区的考古实践中没有发现任何龙文化的标记和标识。我问黄老有没有其他形象，黄老说，有。有一个神像在江南地区出土的好多器皿上，特别是玉器上都会出现，十分流行。譬如杭州北部余杭地区的良渚文化遗址，距今已经有五千多年，遗址中出土了许多玉器，上面最具标识性的符号就是这个神像。因为不知道到底是什么，因此考古人员把它叫作"神人兽面"。这一符号不仅完整地呈现在重要的祭祀性玉器上，也存在简约的、抽象的构图设计。在完整的神像中，中间是一个类人的神人形象，头上戴着帽子，脸上似乎有面具，中间是一对巨大的眼睛，浑身上下有毛的纹样，最下面是一对爪子。直到今天，学界对这一神像还没有一个准确的名称，但是越来越多的考古发现证明，这是古代江南文化的一个"标准像"，上海青浦的福泉山遗址中也发现了刻有这一形象的玉器。对于这一神像到底是什么，众说纷纭，有人说是巫师骑在水牛上，有人则认为不是水牛，而是老虎。原哈佛大学人类学系主任张光直先生认为，这个神像是道教神仙系统中"王子乔骑神兽"的原型。但不管如何猜测，仅从图像上我们可以确定，神人头上戴着的很明显是羽毛做的羽冠，

良渚文化玉器上的"神人兽面"

身上的毛应该是羽毛，下面的一对爪子是鸟爪，因此无论这一神人骑坐在什么动物上，他肯定装扮成了羽鸟的形象，披着羽毛做的衣服。

黄老的疑问在那个时刻一下子照亮了我的思考。实际在二十世纪八十年代，在田野调查中，我心里就产生了一个疑问。在江浙乡间，我们发现民居的门庭、屋脊、飞檐随处可见飞鸟、哺鸡的形象，将这些形象，与七千年前的河姆渡文化遗址中出土的鸟形器、四五千年前的良渚文化遗址中出现的"神人兽面"联系起来，为何随处可见与鸟有关的、连续不断的踪影？除了这些物质形象以外，我们还发现了不少有关鸟的禁忌、俗信和传说，譬如在绍兴地区，就流传着一个古老的神话，我们将它称为"鸡形盘古神话"——

老早老早时光，天地混沌，只有一条缝。不知啥时候，天外飞来一只火红火红的大鸟，在天和地的合缝处，下了老大老大的一个蛋。过了许多许多年，这个大蛋成了精灵，孕育了一个盘古。为啥叫盘古？因为他在蛋里双手抱着，双腿屈着，像是盘住整个身架，所以叫盘古。

盘古在蛋里渐渐大起来，受不了啦，用嘴把蛋壳慢慢啄破，就出来了。盘古因长得很怪：驼峰似的头顶、大鸟样的嘴鼻，肩背还有一对翅膀，双手双腿都老长。他把啄碎的蛋壳全吃进肚里，于是见风就大。脚踏着地，头顶着天，还是伸不直腰。他嫌天地之间的合缝太窄了，就用头向上顶，用脚向下蹬，用双手向左右推。他顶一顶，天高一丈；蹬一蹬，地陷一丈；推一推，左右各宽一丈。盘古呢，还在见风大。他仍然脚踏地，头顶天，没法子伸直腰。他不甘心，继续顶呀、蹬呀、推呀，如此一万八千年，天就极高，地就极深，盘古把天和地真正分开了。但是，盘古的气力已经用尽，不久就死了，所以讲盘古活了一万八千岁。

盘古死后，灵魂飞到天上，成了雷公。他的身体各部分，分别变成了日月、星辰、风云、山川、田地、草木。

而且在调查中我们发现，江南农村人盖房子，尤其是以前的木质结构房屋，过程中最重要的一个步骤是上梁仪式。人们在正梁上悬挂一只用松柏枝扎起的"金鸡"，还在鸡的臀部放一只橘子，寓意"下蛋"，做完这些准备工作后，木匠师傅杀一只雄鸡，爬上正梁将鸡血洒在上面，而后才开始正式地将房梁架上屋顶。除此以外，在日常生活中，民众的好多人生礼仪也和禽类有关。比如奉化周边地区，当地的民众把麻雀称为"送谷神"，一说"送子神"。有一年，中国文化部和日本文部省开展联合研究，我和日本的一位教授在奉化调查村落水稻生产中制作稻草人背后的文化现象，当时日本的学者觉得稻草人应该是一种民间巫术，用来驱赶啄食稻谷的鸟雀，因此问当地的老农，麻雀来时，稻草人并不会动怎么办？谁知老农却回答："稻草人，无非是装装样子，吓唬吓唬麻雀的，如果麻雀来吃也没关系，因为稻谷本来就是麻雀带来的，吃点没关系。"

　　老农的回答突然让我醒悟。为什么从古至今我们的文化中一直有鸟的形象，为什么我们的神话传说中有鸟的故事？明明龙更伟大、更威武，为什么我们的民众对鸟，对麻雀之类的小鸟这么感兴趣？为什么古代人觉得麻雀是送谷神、送子神？为什么农民相信稻谷是麻雀带来的？在距今七千年的河姆渡遗址中，浙江考古所的专家发现当时的人们已经会使用火烧烤飞禽走兽，其中就有麻雀，在烤麻雀的残骸中，考古人员找到了碳化的稻谷。所以我们可以推论，人们发现稻谷可以食用，是通过麻雀一类的鸟类。这也就解释了七千年前的河姆渡遗址出土的匕首上镶嵌着的鸟的形象，一直流传到了近现代民居屋顶上飞鸟状的"哺鸡"。而且，在中国民间看来，每年的农历二月十九日，是鸟的生日，是麻雀的生日。在二十世纪五十年代，上海浦东地区还存留着这一习俗——春天，乡里的孩子们将青菜、白米在家里院子的菜园里做成菜饭，然后恭恭敬敬先反过身朝北，向屋顶鞠一个躬，而后顺时针向东、西、南各鞠一躬，将做好的菜饭撒到屋顶上，再次顺时针转身，将剩余的饭菜撒到东面去，撒到南边去，撒到西面去，喂麻雀。这并不是孩子们的游戏，而是江南地区普遍存在的特别重大的祭祀麻雀的活动。

除了出土的文物、田野调查的发现之外，文献资料中也有很多相关证据。《山海经》，这部几千年前形成的天下第一奇书，其中记载了一个远古帝王叫"帝俊"。我们熟悉的黄帝、炎帝只在《山海经》记载的北方地区出现过四次，而这位帝俊却总共出现了十六次，遍布《山海经》中的东南西北四方。此外还有《左传》，其中提到了山东文化的始祖，太昊氏——

> 太昊氏以龙纪，故为龙师而龙名。我高祖少昊挚之立也，凤鸟适至，故纪于鸟，为鸟师而鸟名。（《左传·昭公十七年》）

郯子说太昊氏原本崇拜的是龙文化，但是到了他的下一代，少昊氏，开始进行鸟祭，因为"凤鸟适至"。这里说的"凤鸟"是指什么，是自然界的一种鸟吗？通过对《越绝书》《吴越春秋》等书的考证，我认为这个"凤鸟"其实指的就是南方稻作区的鸟文化在当时发生了北移。一九九八年，我在一个全球性的会议上提出了鸟文化北移的问题，会议结束后，山东省历史博物馆的副馆长十分激动，他说在他们对四千年前的龙山文化遗址的考古过程中，发现了一个奇特的现象。在当地的墓葬中存在着两种截然相反的文化系统，一种是精美的玉器，一种是比较简朴的陶器，说明当时的龙山文化受到了外来文化的影响。通过这些玉器可以推断，这一外来文化，正是鸟文化。

江南稻作生产萌发了中国鸟文化

通过田野调查，我们发现在江南地区到处可见的，是一个以鸟的羽毛打扮起来的神人，在民间的生活中间，人们也传承了这样一种文化。可以说，在中国，江南的稻作生产萌发了中国最早的鸟文化。同时，鸟文化不仅是一种地域性文化，更是一种全域性文化，整个神州大地到处可见鸟文化的体现。远古江南先民在谋取自己生存发展的稻作生产中，吃鸟食，使鸟田，拜鸟灵，用鸟历，逐步形成对鸟类的依赖、崇敬和神化，以致自己的生活也发生了鸟化：穿鸟衣、住鸟居、说鸟语、佩鸟饰、制鸟器、定鸟官，并与日崇拜发生粘连，衍生出种种鸟（日）神话崇信的习俗活动，从中孕育出久远而博大精深的中国鸟文化。

为什么江南地区会产生鸟文化？其中一个原因是古代江南地区的生态环境。据古地理、古气象的研究表明，从第四纪更新世末期以来，自然界经历了星轮虫、假轮虫和卷转虫三次地理环境沧海桑田的剧烈变迁，这三次海侵改变了江南地区的地形地貌，在中国沿海的北纬三十度地区生长了大量的野生稻。先民从捕获的麻雀、野鸭等飞禽的胃中，发现了小小的稻米，有的已胀破稻壳露出米粒。它是鸟食，人也可以吃，野生稻谷的食用性就这样被揭示了。先民们看着在空中飞翔的禽鸟，不知道它们在哪儿采得了野稻，只好将它归结于神秘的天空。后来，人们偶尔从鸟踪中，探明了野生稻的繁殖地，开始了人工的采集。然后逐步实现种植后再采集，栽培稻最终诞生了。在最初的稻作生产活动中，我们的先民不完全是靠我们今天发掘出来的骨耜，而是靠鸟天然的习性来松土、除虫，管理水稻生长的。这似乎是天方夜谭式的神话，可是吴越地区的确盛行过靠鸟类耕耘水稻田的"鸟田"。在一些古文献中也屡见不鲜，只是人们仅把它当作神话传说，不去多做探究罢了。

> 大越海滨之民，独以鸟田，大小有差，进退有行，莫将自使。其故何也？禹始也，忧民救水，到大越……因病亡死，葬会稽……无以报民功，教民鸟田，一盛一衰。（《越绝书》卷八《越绝外传记地》）

什么是鸟田？我们的远古先民采集了稻种，放在适合的土地里，可还是不会耕耘，这时候就要靠鸟类来帮助他们耕耘。春天鸟来觅食，无意中好像在帮先民翻地；秋天候鸟又回来了，它也在觅食，好像用嘴给先民松土。当然在古代有鸟田，还有象田、麋田等，但鸟田却是我们长三角地区、沿海地区所特有的。远古的中国江南先民为了自己的生存，在对鸟类觅食野生稻生态之模仿中，生成了先民稻作生产与生活方式，萌发了中国鸟文化信仰的先河。

在河姆渡遗址以及旁边的傅家山遗址，我们都发现了同一个时期的鸟形器，学界现在一般认为这些是中国凤凰最早的原型。概括起来讲，我们吃的稻米原是鸟食，先民从模仿鸟吃野生稻得出稻可以吃的结论。我们在餐具上也对鸟进行了模仿，例如筷子是对于鸟爪的模仿，这是一位日本学者最先提出来的推测。如果我们观察一下鸡吃米的形态，就会发现在吃稻谷时，鸡会用两只爪子将稻谷里的砂石踢开，然后进食。所以进餐的配套工具也与鸟有关。而南方最早的住所叫鸟居，干栏式的鸟居形式。河姆渡遗址中的建筑就是干栏式建筑，下面架空，上面是一个茅草房，其中最重要的形式是一棵树上架几块木板。方位词"南"，正是最早记录鸟居的文字。看"南"字甲骨文或金文的字形，中间一棵树，上面一块木板，四面几块木板，然后有人在其中居住。慢慢人们发现那里的人都这么居住，于是就变成了方位词。从文字学上，我们可以看到"南"原来就是鸟居、鸟巢的居住形式。一直到了春秋战国时期，绍兴地区的墓葬用品还反映了这一特点，在出土的陪葬器皿中有一只"越国铜屋"，屋顶上重要的标志是一只鸟。还有鸟民，穿着鸟的羽毛做成衣服的人叫鸟民，或者羽民。羽民是我们古代的文献中经常出现的一个用词，在《楚辞》《山海经》等文献中就有——

　　羽民国在其东南，其为人长头，身生羽。一曰在比翼鸟东南，其为人长颊。（《山海经·海外南经》）

这里可能就指的是长三角地区、长江以南的地方。良渚玉器的"神人兽面",实际上描画的就是这一形象,这是羽民的代表性人物。羽民在今天还保留着吗?其实有的,在传统戏剧舞台上勇猛的武将头上为何不戴牛角而是选择柔软的鸡毛、羽毛?这就是鸟文化在今天的遗存。长江以南的少数民族中,不少还保留着这种形式,比如壮族妇女,她们有一种服饰就叫"著尾鸟衣"。

鸟语,古代文献多有越人"鸟语"的记载。如《后汉书·度尚传》说越为"鸟语之人",即"语声似鸟也"。《孟子·滕文公上》说"南蛮舌",舌,比喻语音难懂,如鹦鸟的叫声一样。从音韵学的角度来考虑,南方人说话和北方人的差异在哪里?北方普通话音调有四个,南方说话音调有十几个,到现在上海话中还保留着的入声字,在普通话里面早已经没有了。除了鸟语,还有鸟文,我们熟悉的古代文字有金文、甲骨文等,但其实还有一种鸟文,字形似飞鸟,吴越地区出土的吴王子于戈、越王州勾剑等春秋时代器具上都有这样一种鸟形字。

鸟官,刚才我讲过了,孔子近祖少昊氏族,在南方凤鸟部落迁入以后,改变了自己文化的标识,将龙纪改成鸟纪,而且以鸟为官——

凤鸟氏,历正也;玄鸟氏,司分者也;伯赵氏,司至者也;青鸟氏,司启者也;丹鸟氏,司闭者也。

(《左传·昭公十七年》)

大家知道，中国的二十四节气现在已经成为世界非物质文化遗产，安徽人对此很自豪，因为最完整的二十四节气就出自淮南王刘安的《淮南子》一书。但实际上，公元前一百年左右，古代中国人观察气象，确立节气，二十四节气也是在此基础上成型的。而更早的，在公元前四千年左右，江南稻作生产中所使用的鸟历，已经开创了中国二十四节气的先河。因为在稻作生产中掌握时间的准确度特别地重要。什么时候播种、什么时候施肥等，都要看季节性的气候变化。在江南农村，人们通过观察不同的鸟类来规划工作，燕子来了做什么，布谷鸟来了做什么。"凤鸟氏，历正也"，历正是古代主管天文历法的官，其余为历正的属官；司分，专司春分、秋分；司至，专司夏至、冬至；司启，专司立春、立夏；司闭，专司立秋、立冬。通过考古发掘，人们在良渚文化遗址中发现了关于鸟官的证据——鸟立坛柱图符，但是很可惜，现在原物都被收藏在美国弗利尔美术馆中。后来我们拿着这些文物的图画请自然博物馆的专家鉴定，他们认为这些鸟类刻画十分精细，一看就知道是哪一种鸟类。江南古代的先民，通过对鸟类的极细观察，根据生产的节律、自然的节律来规定官员的职能，管理社会，管理生产。

鸟文化实际上还保存在中国人的现代生活中，譬如生命崇拜。人们结婚生子要送喜蛋、红蛋，大部分节日的食品，除了粽子，基本都是圆的——汤圆、月饼、重阳糕等，这些对圆形的偏好其实都是从稻作生产中，对于稻谷、鸟卵的崇拜开始的。其中可能还保留着太阳崇拜的味道，在浙江民间文艺工作者多年的搜集整理与实地的调查研究中发现，从宁绍平原一直到太湖流域，还流传着许多鸡（日）的信仰传说及相关的传承图案。有些是名称说法不同而已。浙江定海流传着一则神话《日夜是咋分开的》：

> 很久以前，抚（没）太阳，也抚月亮。神界有三姐妹，心地交关（十分）善良，很想为人做点好事。帝就把大姐封为太阳神、二姐封为月亮神，小妹妹因太小，暂时没封。太阳神和月亮神受封后，整天不歇息，人们分不出日夜，统辛苦煞。在小妹请求下，帝就封小妹为鸡神。俗语说，"鸡啼五更"，小妹当鸡神后，每天五更定时定点为两个姐姐啼叫，太阳神和月亮神就按鸡神的啼叫，有规有矩地从东边升起，到西边落下。

为什么鸟信仰会和太阳崇拜结合起来？水稻生产对阳光和"农时"的依赖和要求，迫使人们对"日"的朝升夕落，冬短夏长，给予新的关注。日、鸟升飞，其物理性和生物性的巧合，使他们以鸟"度"日，观察鸟候，把握"时"候，祈鸟拜日，混为一体。稻作先民遗址中的鸟形器恐怕也与此相关。历经七八千年历史长河的冲刷，仍然风物依旧。江南水乡民居的屋脊、门檐，以及室内的横梁上，处处可见鸟形饰物，特别是脊吻的鸟形状，如活化石，遗留到今天。它们在坐南的房屋上，一东一西，相向引颈昂首，迎来朝阳，送走落日，以无言的雄姿，向人们昭示悠悠岁月重负下坚韧不屈的古老信念和迷人的风采。

中国思想文化中的鸟化观念

接下来，来谈一谈鸟文化在中国思想文化中的影响。其中首先牵涉到的一个问题是，为何后来我们的主流文化是以小麦为主的北方农耕文化。二十世纪八十年代我曾两次去良渚文化遗址实地观察，两山环抱处一个离地五六十米高的小山坡是遗址的中心位置，先民的首领就埋葬在这里，从这里出土的玉器也是整个遗址中价值最高、最精美的。但是考古队员也跟我们说，在他们发掘这处遗址的时候发现，遗址离地表很近，只有十几厘米，上面覆盖了一层淤泥。这意味着，发生在地质史上的海侵曾经淹没了这里。这就使得鸟文化的先民们不得不离开这个地方，向高地前进，发生了南中国稻作区崇奉鸟（日）信仰的帝俊部族为生存西迁、北进、东移、乘桴浮于海的流变。所以《山海经》中帝俊部族的记载在《大荒北经》《大荒东经》《大荒西经》《大荒南经》都出现了，而黄帝和炎帝这样的部落领袖只留在北方，没有到南方来。

《史记·殷本纪》记载了殷文化的祖先契的出生：简狄春三月，和几个女伴到河里沐浴，"食玄鸟卵，降而生商"，生下了契，这一传说就将殷人生命的产生和延续与鸟联系在了一起。这就和浙江奉化地区遗留着吃麻雀可以延绵子孙的习俗一样，七八千年间形式上一直在变化，但内涵没有变。除了契以外，秦始皇的祖先女修，也是"玄鸟陨卵，女修吞之，生子大业"。再看北方的满族人、朝鲜族人，东方的日本人，他们最早的祖先神话中都有鸟的形象、鸟卵形象的影子。因此，可以推测，在四五千年前，江、浙、沪东南沿海地区，已生活着一个有数千年鸟（日）信仰传统的庞大部族联盟。这个联盟的盟主，可能就是上古传说时代曾赫赫有名、《山海经》中频频提及、后来却突然消失的帝俊。因为地质生态环境的改变，这一部族向外扩散，在各个地方都产生了文化影响，虽然失去了领袖的地位，却将自己的文化融入到了当地部族文化的构建中去。

现代考古证实，四千年前，良渚文化主体在太湖流域突然消失，但与此同时，长江以北，江苏海岸青墩、阜宁陆庄、涟水三里墩、新沂花厅，安徽定远山根等地，以及中原地区的河南龙山文化晚期，陶寺类型文化、四川三星堆、陕西神木、甘肃天水和以后的夏商文化中出现的良渚文化的因素，可以证明良渚文化的主体北迁西移了。此外，远隔千里的岭南石峡文化晚期墓葬中出现了与良渚文化相一致的玉器与陶器，这表明良渚文化的先民也迁徙到了那里。

对此，《山海经》实际上也有记载，原来在南方的，后来到了各个地方去。如东方，《大荒东经》云：

有中容之国。帝俊生中容，中容人食兽、木实，使
四鸟：豹、虎、熊、罴。

有司幽之国。帝俊生晏龙，晏龙生司幽，司幽生司
士，不妻，思女，不夫。食黍，食兽，是使四鸟。

有白民之国。帝俊生帝鸿，帝鸿生白民，白民销姓
生，黍食，使四鸟：虎、豹、熊、罴。

有黑齿之国。帝俊生黑齿，姜姓，黍食，使四鸟。

如西方，《大荒西经》云：

有西周之国，姬姓，食谷。有人方耕，名曰叔均。
帝俊生后稷，稷降以百谷。稷之地曰台玺，生叔均。均
是代其父及稷播百谷，始作耕。

如北方，《大荒北经》云：

丘方圆三百里，丘南帝俊竹林在焉，大可为舟。

《海内经》云：

帝俊生禺号，禺号生淫梁，淫梁生番禺，是使为
舟。番禺生奚仲，奚仲生吉光，吉光是使以木为车。

我们现在的一些考古发现，几乎可以与《山海经》应和。

中国文化中有一种古老的神仙思想，而且神仙思想只有中国有，日本人学习了这么多中国文化，却没有学神仙思想，西方更没有神仙思想。世界上有许多民族都认为，人死后，灵魂还在；只有中国神仙思想认为，人可以永生，灵魂自然也可以永在，改变的只是形式。仔细阅读中国神话，中国古神话中，没有"死"这个字，只有"化"，变化无穷。为何神仙思想与鸟文化有关？道家的祖师葛洪认为，人要修炼得像鸟一样在天空中自由翱翔，所谓"羽化成仙"。五千年前良渚文化里的"神人兽面"形象中，最重要的特征就是头上的羽冠、身上的羽毛。

中国神仙思想与老庄哲学有密切关系。然而，老庄哲学的学理依据何出？老子《道德经》说"有物混成，先天地生"，其中是否有越地鸡形盘古传说的影子？他说"道生一，一生二，二生三，三生万物"，与神话中盘古垂死化生是不是一模一样？庄子的《逍遥游》讲"扶摇直上九万里"，讲的也是鸟。所以学者孙隆基先生在《中国文化的深层结构》中，认为中国哲学思想中，存在卵生神话的建构，一点都没错。此外还有儒家思想。儒家思想好像和鸟文化没关系，但正如我们刚才提到的，一个是孔子的近祖少昊氏，一个是孔子祭祀时所穿的朝服，记载中，朝服上绣了四只鸟，这正是古帝俊部族鸟文化的遗留。

所以假如真的要认识中国的哲学思想，中国最早的有关"道"的思想，就离不开鸟文化。在长三角古越地区稻作生产萌发、形成、发展的过程中，中国远古先民形成了一种相应的鸟化的生活场景与生活方式，而后形成了对鸟的崇敬思想，即鸟信仰，甚而中国道家、儒家思想中都还有鸟信仰作为其基础。

二〇一九年十二月二十三日新华·知本读书会第七十八期

海派文化的渊源及其传承

李天纲

如何传承文化遗产，守住文化遗产；很多建筑是拆，是留，还是转型改造，这涉及上海各个区的很多案例，而且又跟今天的很多热门话题，比如江南文化、海派文化连在一起。讲江南文化和海派文化，有一条贯穿线索，两者之间有连续性。江南文化在明清时期就已经成型，非常发达。一九八六年，谭其骧先生在一次会议上对我们说：宋明以后，"江南是当时文化最发达的地区，而苏州为其都会"（《中国文化的时代差异和地区差异》，收入《中国传统文化的再估计》，上海人民出版社 1987 年）。中国文化的中心在明清时期已经转移到江南。"苏松熟，天下足"，苏、松并重，经济上有此说法，文化也可以这么说。松江府不可轻视，它在明中叶有后来居上的趋势。最近，我们好几项研究都可以证明，明万历年间以后，多种文化活动，如刻书、藏书、科举、结社等，从苏州向松江转移的趋势非常明显。从明末"复社"的崛起，到清初"吴中七子"的扬名，再到清中叶"守山阁丛书"刊刻，松江府各县的文化活动，在"五口通商"以前都是很活跃的。明清上海是松江府的巨县，万历年间经济就在江南达到鼎盛，乾隆年间苏松太道署移到上海，文化进步是自然而然发生的，当然不是明清"江南文化"中的例外。

海派文化是从上海开埠以后才开始的，是二十世纪三十年代文化人讨论上海社会风尚的时候用起来的术语。"海派"一词虽然不只是用来形容上海文人的，但鲁迅、沈从文等人在介入和讨论文学界的海派、京派之争时，使得这个词的含义是简单明了的。过去说"侬人老海派的"（上海话），含义还是蛮复杂的，有点羡慕嫉妒，有点批评揶揄，也有点表扬赞美。当时上海人的价值观是多元的，是可以选择的。但是在"京海之争"中海派就基本上是负面的，是一种道德立场，一种外来眼光，是说这人做事夸张浮华，不守信，喜欢讲排场。二十世纪三十年代，上海是一座鱼龙混杂、泥沙俱下的"大都市"，什么现象都有，只用一个标签来形容上海文化，哪怕只是其中的"文学"现象，是危险的，也是不可能的。

那么，为什么我们要把"海派"变成一个标签，要拿它来代表一种上海的文化精神呢？一九八五年上海文化发展战略讨论时候，上海历史学界的学者，如唐振常、陈旭麓、朱维铮、吴云溥、魏承思、周振鹤和我们一些人，提出来为"海派"正名，去除对上海文化的偏见，解释它的合法性，然后甩掉历史包袱，轻装上阵。大家都赞成把"海派"推出来，作为上海文化的一个标志，把很多问题澄清一下。将近四十年过去了，一两代人说下来，现在真的拿"海派"说事了，道理上是顺的。海派文化在虹口区，那里是上海最早的五方杂处，中西融合，这是确定的，当年的海派研究是这么说的。

现在徐汇区提出自己也是"海派之源"，也没有问题，因为二十世纪三十年代的"海派"融合了十九世纪四十年代以后的西方文化，徐家汇是欧洲文化与江南文化融合的先锋地区，这个也是没有疑问的。虹口的社会生活、市民生活比较发达，徐家汇则是宗教生活、文化教育比较突出。

上海文化的源和流

上海文化，"江南文化"是源，"海派文化"是流。受十九世纪欧风美雨的冲击，使得这个"流"更显壮大，更显重要。毫无疑问，上海文化是一种值得肯定的近代文化，而不是一句殖民地文化、外来文化就能批倒的。"江南文化"成功地在上海地区转型为"海派文化"，讲明白海派文化在江南文化中的地位，其实不太容易，因为存在很多误区。有一些误区是过去留下来的，比如我们一直把上海定义为一座近代城市，以前没有什么历史，即便有一点的话也不重要。复旦大学历史系教授杨宽先生做过上海博物馆馆长，他给我们上课的时候讲，六大古都（西安、南京、北京、洛阳、开封、杭州）、七大古都（加上安阳），没有上海是可以的；但是第一批"历史文化名城"（1982 年）评出二十四个，其中没有上海是说不过去的，上海在明清史上是很有地位的。杨宽先生是青浦人，是中国古代都城研究领域的权威。上海文化的起源在哪里，起源于什么时候？这个问题关系到上海的城市性质，也关系到上海的城市遗产和文物保护，是要认真讨论的。鸦片战争结束后，上海开埠，因为中外贸易，上海文化发生了重大变革。二十世纪上海文化以一种全新的姿态，形成压倒性优势。曾有一句话说："三千年的历史要看西安，八百年的历史要看北京，百年历史看上海。"这样说大致也是对的，但把上海说成好像就是一座近代刚刚崛起的大都市，此前没有历史文化，这就不对了，可惜今天还有好多人是这么看上海的。

上海仅仅是一个近代城市吗？它的明清历史是怎样的？有没有来源、有没有传承？它的地位是怎样的？这些我们都没有说清楚，以致说了很多错话，做了很多错事，拆了很多不该拆的文化建筑。所以讲起源的时候，我们要讲两面，不单单要讲近代的上海，即"维多利亚式"的上海，也要讲明清时期江南的上海。

近代上海是五口通商城市中发展得最顺利的大都市。一八四二年《南京条约》签订，开放广州、厦门、福州、宁波、上海五处为通商口岸。从朝廷来看，这五座城市中，上海的行政级别最低。广州和福州是省城，厦门和宁波是府城，上海只是县城。不过，上海是苏松太兵备道的驻地，行使海关、海防和海运等多项职能。兵备道移沪，说明江南地区的海洋事务集中到了上海。上海在五个口岸中处于最北面，外国人称为"北华"（North China）。洋商喜欢上海，说是上海人脾气比广东人温和，无非是开埠爽快，乐意做生意。

另外，上海城市富裕，货源充沛，水路发达，拿货最方便。五口通商后，外国人集中到上海交易。十年后的一八五三年，上海港的进出口总额就超过了广州。《北京条约》《马关条约》后继续开埠，沿海港口自北向南，旅顺、天津、烟台、青岛、温州、汕头，长江港口一路往西，镇江、九江、汉口、重庆，连苏州、杭州，都开埠了。开埠城市都是城市化、工业化的先驱，上海则是上一次中国现代化的表率。煤气、自来水、电灯、电话、电影、汽车在上海首先使用，工业 GDP、进出口总额、工厂总数、汽车拥有量、报刊发行量、大学数量等，都位列中国第一。举电气化的例子，一八七九年，工程师毕晓普在乍浦路用蒸汽机试验发电，点亮了路灯，和爱迪生在纽约试验电灯是同一年。一八八二年，中国第一座发电厂在南京路营业，比巴黎的第一座商业发电厂只晚了三年，和纽约的营业电厂几乎同时。工业革命第一波—蒸汽机的时代，上海没赶上；电气时代上海就赶上了，早早地实现了电气化。马建忠家族在远郊的朱家角镇投资建电厂，一九一二年就有了路灯，用电机来打谷碾米。

近代上海以一种令人瞠目结舌的速度发展，在电气化时代，与全世界主要城市相比也是不相上下。当年领先于新加坡、香港、曼谷、孟买这些亚洲城市就不说了，与伦敦、巴黎、纽约、东京相比，上海也不差。西方城市花了二三百年建设的市政规模，上海在二十世纪三十年代就赶上了。以英租界最初范围，即外滩、洋泾浜、苏州河、河南路四至内的密集楼宇来看，不亚于当时世界上任何一线城市，上海达成了城市化、现代化、全球化。二十世纪九十年代的改革开放，其实是再全球化，是第二次。第一次城市化留给我们这一代很多文化遗产，而我们却不太容易认识到它们的价值，拆了好多。

建城七百三十年："南吴壮县"是"国际大都市"的基础

上海作为一座城市至今已有近七百三十年的历史。一二九二年上海镇从松江府华亭县划出来，设立上海县。中国历史研究把县作为基本城市单位，设县可视作城市历史的开端，但这并不意味着县以下的市镇就没有值得珍视的文化遗产。相反，江南地区很多市镇的文化遗产非常丰富，比如青浦的文化遗产，朱家角镇比城厢镇多。一二九二年是元至元二十九年，上海和北京一样，也是一个元代的城市。上海一直是县城，但乾隆《上海县志》就说它是"南吴壮县"，不比一般的县城，这不是夸张。上海地处吴越之间，土地高亢，土壤里的盐分还没有退尽，稻作条件并不优越，但上海人巧用地利，明初就建立了晒盐业；万历年间又兴起了棉纺织业；乾隆年间兴起了沿海沙船航运业。沿海产业造就了发达经济，"南吴壮县"的格局，为上海在鸦片战争以后发展成国际大都市奠定了基础。

"上海开埠"一词，大多是说"五口通商"。其实乾隆年间正式撤销"海禁"，重新启用上海港，也说是"开埠"。这两个"开埠"意义不同，后者是近海开放，允许国内交通；前者是远洋开放，开始全球贸易。乾隆时期的"开埠"，恢复了这座城市的航海精神。聚在十六铺的上海人、宝山人、川沙人、崇明人，乃至广东人、福建人、山东人，在康熙年间就筹建了商船会馆。康熙平定三藩，收复台湾，东南沿海开禁。乾隆鉴于运河淤塞，决定漕粮不再漕运，改作海运，上海港扬帆出海的机会又来了。"五口通商"的机会降临后，上海人就加入到与欧美商人的全球贸易中。

近代上海的崛起，"以港兴市"是一个重大机遇，工商业贸易传统也是一种先天优势。明清江南和全国市场格局有两个重要的交换关系，助推了上海的崛起。第一个交换关系是江南地区的"米布交易"，因为松江府各县大量输出棉布，"衣被天下"；同时又需要购入稻米，补充粮食供应。这样，就在上海西部各市镇形成了米市和布市，朱家角、枫泾、罗店、泗泾、七宝等都是米布交易镇。第二个交换关系是上海港承担的"南北枢纽"功能，因为上海往北是黄海滩涂沙岸，要用平底沙船；往南则是东海陡峭岩岸，福船、广船吃水很深，不宜北上，需要在上海卸货换沙船。如此一来，上海港就成为东南航路上的一个枢纽。南洋(闽、粤)的"南货"在上海销售，又把上海人从北洋(津、鲁)带回来的"北货"运回南方，这就是以上海为中心的南北货贸易。而且，从上海，东洋(日本)、西洋(东南亚)都可通达。"米布交易"通过吴淞江、黄浦江、太湖及其分湖、运河、长江等水路交通，把上海和江南市场联系在一起；"南北枢纽"则是通过海运，把上海与东部沿海港口团结在一起，且具有中心地位。在十八、十九世纪"早期现代化"时期，水路是农业、手工业乃至大工业初期发展的主要交通。世界上最早发达的地区都是依赖水路交通，比如十九世纪的尼德兰、十七世纪的英格兰、十八世纪的波罗的海沿岸城市。上海也有此地理条件，它在明清时期的繁荣和十九世纪的崛起与此相关。

明清上海有三大支柱产业：棉、盐、船，在江南甚至在全国都处于支配地位。"棉"指纺纱织布。宋朝人穿的是葛衣、麻衣、葛布，但到了元朝以后，穿的都是棉布，因为产量高、成本低。经济史学者估计，万历年间上海地区的棉布的产量占了全国的八成。这八成不单单是上海县的，还包括松江府以及苏州府东面的几个县。上海三个县嘉定、宝山和崇明是从苏州府划过来的，另外七个县是松江府自己的，青浦、松江、奉贤、南汇、金山、川沙、闵行。这样就组成了上海。说"衣被天下"，是说在洋布畅销之前，本地的土布已经卖到全中国，乃至于上海在万历年间就是江南最富裕的一个县。上海的盐场在金山、南汇、川沙，"团""灶"等地名都是遗迹。金山区最后的盐田到二十世纪八十年代才停产。古代食盐专卖，利润颇丰。上海海运发展起来后，到乾隆、嘉庆、道光年间，上千条沙船聚集在十六铺码头，丹凤楼下，百舸争流，这是别的地方都没有的景象。上海、青浦、崇明出现了几十个船王，如宝山朱其昂就发起成立轮船招商局，担任总办，从传统沙船业转向现代航运业。

老上海的一些社会机制，对"五口通商"后的顺利发展是有积极意义的。为什么上海人更愿意与外商贸易？是"五方杂处"为"华洋杂居"做了准备。"华洋杂居"是指中外人民混合居住，这是《南京条约》开始的。"五方杂处"乾隆年间已经有了，十六铺住了广东人、福建人、山东人。上海本来是一个各路商人混居的城市，多些西洋人进来，只要官方不计较，市民之间问题不大，何况还有生意做。今天保存着一些同乡同业会馆，如商船会馆、三山会馆、钱业会馆，都是城市早期融合性发展的见证。然而，更多的会馆都被拆掉了，如广肇会馆、四明会馆……

上海老城范围之内，明代遗产只剩下两处，即北城潘氏豫园和南城徐氏故居，当年被称为"潘半城，徐一角"。这两处足可以证明上海在江南文化中地位的文保单位，一处修缮完好，誉称海外；另一处却坍塌危殆，面临拆迁。潘家三代为官，做的都是布政使、工部尚书、刑部尚书，营造出一座豪园。豫园曾占了老城约四分之一的面积，历经潘氏家族衰败、小刀会破坏和"文革"，园林学者陈从周先生在最近一次修缮中将它完美呈现。

徐光启出生在太卿坊，故居"九间楼"在南城一角。南城是做米、棉交易生意的地方，相当于万历年间的南京路。光启南路至今只七八米宽，还是明朝格局。一九六〇年因为方行先生的努力，九间楼和徐氏祠堂被列为市级文物保护单位。此后一直没有升级为"国保"，也不修缮，与徐光启文渊阁大学士、"中西文化交流第一人"的地位很不相称。前几年老西门拆除，小南门内的光启南路、乔家路就是最后一块保存明清文化的地方，前景未卜。

讲到徐光启"中西文化交流第一人"的地位，正好说明"江南文化"与"海派文化"在中西会通方面是一脉相承的。首先，江南和上海的经济在十六世纪就和全球贸易连为一体。外商住在澳门，进入广东，再经过江西、湖南、浙江，漫长商路的目的地是江南，采办的是茶叶、丝绸和瓷器。日本滨下武志教授证明葡萄牙人在江南、日本和澳门之间，串联起一个东亚三角贸易；还有多位学者考证十七、十八世纪的荷兰人、西班牙人从印度洋、大西洋方向对华贸易，输入白银，买走欧洲人喜欢的中国制造，这是"大三角"贸易。其次，江南文化已经接触到"意大利文艺复兴"，这就是徐光启、利玛窦"翻译、会通、超胜"事业带来的效应，著名成果就是《几何原本》。明清江南的经济、文化，已经进入"早期全球化"，这是"江南文化"向"海派文化"转型的内在逻辑。

开埠五十年：外来文化对
海派文化的影响

如果说二十世纪三十年代成形的"海派文化"是影响至今的主要文化，那我一直坚持认为"海派文化"之前，还有一个"维多利亚文化"。一八三七年到一九〇一年的维多利亚时代（Victorian era）世界经济高速发展，进步主义风靡全球，正好也是上海开埠后国际化，奠定现代城市制度的时期。因为租界制度的引入，上海与西方经济、文化、政治高强度交流。英租界在外滩，美租界在虹口，法租界在城北面。一九〇〇年，英美两租界合并为公共租界（International Settlement），意思就是各国籍居民都可以进来。法国人不愿意合并，法租界一直保留。法语在法租界，英语在公共租界是官方语言（official language）。租界章程、条例和文书都会用英语/法语以及汉语。所以说，上海的"西方文化"至少有两种，一种是英语的英美文化，另一种是法语的欧陆文化。维多利亚时代，英语是国际语言，法语失去了十八世纪时的优势地位。在上海，英语也以商业性强取胜，一九〇五年震旦学院的教学要把英语改成法语，学生就不答应，而独立出复旦公学。

维多利亚时代很多新兴城市都采用了英国式的城市制度，尼尔·弗格森《帝国：不列颠如何缔造现代世界》里列举英国向世界输出的多项制度，其中包括：英语，英格兰式的土地租约制度，苏格兰和英格兰式的银行制度，公共法，基督教新教主义，体育运动队，受限制的或称为"看更人"的政体，代议制的议会等。上海租界采用英语为官方语言，道台和领事共同签发"道契"，汇丰银行用英格兰簿记，会审公廨参照英美法，各大教会约束侨民、推动文化事业，青年会YMCA引进各项体育运动，工部局召开董事会、纳税人会等，相当程度上引进了一套现代城市制度，运行了五十多年，奠定了城市文化的基础。这一套城市制度不用多讲，只要举例YMCA提倡的体育活动就可以理解了。今天南京西路上海市体育局大楼，原来是西侨基督教青年会，里面有上海体育历史陈列，可见篮球、乒乓球、足球、排球、板球、体操、举重、田径等现代体育用品，都是他们以推广健康生活方式的名义在上海普及开来的。在当时的上海，不但是诸如沙逊、哈同这些从伊拉克、土耳其、印度、东南亚来的大英帝国海外属地侨民认同英国文化，上海租界华人居民也接受了这种文化。

上海的文化融合模式是双向的，一面是华人接受西侨引入的现代城市制度，另一面是外侨接受和认可上海本土居民的生活方式。外侨来上海，开埠后最初两年内，都住在上海的老城里，这里已经是一座"东南通津"的港口城市，当然更加舒适方便，外商侨民是乐于接受的。然而，一八四五年十一月二十九日，根据清朝官方"华洋分居"的要求，领事馆和外侨搬出城里，按上海道台宫慕久与英国领事巴富尔签订的《上海租地章程》，开辟租界，到北郊乡下建设新市区。后来，法国领事敏体尼、美国圣公会主教文惠廉也得到了法租界(1848)、美租界(1848)。租界"北市"和华界"南市"分治，互相竞争。后来华人大量进入租界，但中外文化的融合就是由租界制度主导了。

租界和华界，在制度上就是分治，中外人种、语言、宗教、习俗和文化上并没有系统性歧视。文化上或有隔阂，但不会有严重的种族问题，也不可能严重，因为华人数量、市场规模和江南文化传统放在那里。一八五三年"小刀会"起义发生的难民潮涌入了租界，"华洋分居"的局面一去不复返。英、美租界引进十九世纪英国成熟的现代市政管理制度，与界内华人共享。与封闭、腐败的清朝体制相比，现代法制更能为租界内市民们接受，渐渐出现了现代法制体系下的文化多样性。

文化多样性，说简单了，就是各个地方的人都来了。来了以后，遵守同一个制度，但还保留自己的生活方式，包括方言、生活习惯、饮食习惯、职业特征……过去苏州人、宁波人、广东人、福建人在上海都有各自的职业特征，说家乡的方言。今天的上海话，是由本地话、苏州话、宁波话，以及一部分的广东话融合形成的。说上海排外是没有道理的，最早突破地域限制，保存文化多样性的就是上海。今天各地都有了异乡人带来的风味餐，但上海在十九世纪六十年代就开始了餐饮多样化。一个很突出的现象是西餐，上海人不把西餐当外国餐，章太炎三天两头在福州路二十二号"一品香"吃大餐。一品香是中西融合派的澳门葡国餐，正是这个融合模式的并存与过渡。比如罗宋汤，是白俄从长春、哈尔滨带来的，已经是上海家家户户的日常菜。年轻人不识，说是香港菜，其实是从上海传过去，色拉、罗宋汤在香港的普及程度远不及上海。上海人可以本埠，可以客帮，也可以西洋，练就了各种"多样性"。

方言最表现"文化多样性"，上海就曾有各地方言。有各地方言在使用，就能培植出各种地方戏曲，于是各种地方戏，评弹、沪剧、越剧、锡剧、淮剧、黄梅戏……都是在上海诞生和传播的。有一个现象，现代地方剧很多不是当地产生的，是在上海、天津、汉口的租界里生成的。比如越剧，不是在宁波而是在上海形成的。戏曲演出早期在福州路茶馆、戏园，后期转移到虹口的影院、剧场。为什么说虹口是海派文化的发源地？因为各地籍贯的市民分野鲜明，方言人口密集，文化认同多元，影院、剧场也集中在一起。日日夜夜地演出，一折一曲地学唱，就形成了上海的地方戏传统。如今，方言文化多样性正在消失，连滑稽戏的方言基础也在流失，这就引起了文化传承问题。

海派文化：融会与持守

一九八六年，上海文化发展战略研讨，上海史研究倡导者唐振常先生提出"海纳百川"的说法，形容上海再一次"对外开放"，或即现在我们讲的"再全球化"。"再全球化"是加州大学华志健教授和我一起讨论提出来的，上海电视台纪录片《外滩》和《大上海》都用了这个概念。后来，市政府把"海纳百川，追求卓越"标注为上海的城市精神。再后来，新一届市政府又延伸出"开明睿智，大气谦和"，成为现在所用的"十六字诀"。

"海纳百川"出自林则徐的名联："海纳百川，有容乃大；壁立千仞，无欲则刚"。我以为"海纳"是融会，"壁立"就是持守。上海既要以包容、接纳和融会来扩大自己的文化阵营，更要以梳理、持守来维护自己的文化传统，两者不可偏废。上海的开放性和多样性是一个传统，还有一个传统就是坚守自身，我们把它叫作"壁立千仞"，就像大山不被动摇，有尊严、有原则地传承下去。

上海的开放是两面，一面是对世界的开放，一面是对内地的开放，两者缺一不可。上海要双循环，只讲内循环就不是"海派"了。上海的历史地位和地理位置决定它要更加注重对外开放。你看外滩，整个外滩，北外滩、南外滩、东外滩，它的岸线都是到全世界去。外滩像敞开的双臂，是"海纳"；南京路和外滩垂直，沿南京西路—愚园路—虹桥路—三一八国道，一路往西，到江苏、浙江，通往"江南文化"腹地，把江、浙和内地的资源带到上海来，再输送到世界，反之亦然。

"海派文化"的一大特点就是能化解和吸收江南文化和西方文化。上海的族群关系模式，还是各界融合。海派文化的特点，不是对立，而是融合。一定要给"海派"作一个定义，我会说它是一种"贯通古今，融会中外，吴越文化为基色，华夏文化做主体，吸纳东西方的文明，在近代商业社会下培育起来的、多元的城市文化"。"海派"没有出现在同属"江南文化"的苏州、杭州、扬州，或者南京，原因就是只有上海处了"融会中外"的复杂而艰难的关系，形成模式。

　　上海不但融会了英美商业文化，还消化了更加精致、更强调生活和艺术的法国文化。上海的音专、美专，以及派生出来的音乐、舞蹈、美术生活，开始是在虹口，后来就移到了更加适宜的法租界。法国、俄罗斯、犹太、奥匈、葡西籍的艺术家带出了一批华人艺术家，从任伯年到周湘、刘海粟、徐悲鸿、颜文樑、张充仁都深受熏陶。法租界之外还有徐家汇土山湾，徐悲鸿称"土山湾乃西洋画之摇篮"，中国的油画、水彩画、水粉画、雕塑、彩色玻璃最初都是从这里传授的。徐家汇土山湾不单单是海派文化的发源，也是近代中国文化的发源。所以徐家汇土山湾也是上海文化的一个源头，也可以说是海派文化的源头。徐家汇的"摇篮"很多，天文台、气象台是一八七六年建的，中国和亚洲的第一座；土山湾印书馆是中国最早的印刷机构；博物馆也是最全国第一个，后来送给了震旦，变成了震旦博物馆，后加入了上海自然博物馆。

"外滩源"和"徐家汇源"，一东一西，十多年前命名，体现了"海派文化"的融合能力。外滩源保存了公共租界的英美基督教文化，徐家汇源保存了欧陆天主教艺术，都被吸收到上海自身的文化传统中。协进会、青年会、浸会、广学会等总部大楼都在外滩源，它们支撑了上海出版、教育、新闻、医院、学校等，留下来的机构今天都在使用。徐家汇源的天文台、气象台、藏书楼、博物院、徐汇中学仍然重要。徐家汇还是中国近代高等教育的发源地，一八九六年创办的南洋公学，一九〇三年的震旦学院，一九〇五年的复旦公学，都是中国人最早创办的大学。

　　我们说"海纳百川"是包容和融会，"壁立千仞"是梳理和持守，那什么是"海派文化"应该持守的原则呢？一个文化总是会有自己的稳定的特征，以及可以持守的原则。什么是"海派"，什么是上海人？这种问题太难回答了，但有些特征还是可以梳理、可以解释的。比如说方言，以前大家都说家乡的苏州话、宁波话、苏北话、广东话，但是在二十世纪三十年代就慢慢融合成上海话。伴随着语言、习俗、信仰的趋同，知识背景、历史事件、社会危机的共情，自觉的主体意识和身份认同就会出现。一种积极的共同体身份意识，可以帮助建立文化自豪感、维护文化传承，珍视生活，凝聚社区。上海文化的主体意识一直是开放的，它不会形成保守的、排外的观念。开放的意识下的主体意识，是有积极意义的。

"海派文化"中哪些原则是需要持守的？人们甚至会问，上海的市民精神中是否还有一些积极原则，不是说海派就是小市民文化吗？我们当年选择用"海派"定义上海文化时，就不认为"海派文化"是小市民意识了。上海文化蛮大的，大城市、大工业、大历史，是"大市民"，是有现代底蕴的。一个很重要的标志就是，上海市民的内底是法治的、现代的东西。我想把一九三三年讨论上海城市精神的一个定义拿来说一下，当时工部局请了一位英国大法官费唐，他定义上海租界有四个原则（Four Principles），说的是自治（Self Governance）、法治（Rule by Law）、自由（Freedom）和安全（Security）。法制观念在二十世纪三十年代就被提炼出来，写在城市原则里面。这样的市民精神，说小是小，说大是大，我认为上海是有"大市民"的。

上海为什么在一百年中崛起？根本原因是现代市政制度。工部局、公董局、会审公廨、总商会、马路商会，这是一个系统。法治环境下，租界判案采用英美习惯法，华界虽然用内地律例，但也受了很多影响，做了不少改良。现代法律精神扩散到南市、闸北，乃至江苏、浙江，整个江南文化也受到影响。法官和律师由东吴大学法学院培养，已经融会到本土教育中了。东吴法学院在上海是不亚于交大、同济、圣约翰、震旦、复旦的一块招牌，一九四五年东京审判，二十世纪九十年代加入关贸总协定谈判，都依靠了东吴法学院的毕业生。上海和江、浙，是香港之外最熟悉英美法的城市和地区，比较容易和国际事务接轨，市民精神中也有较多的习惯法意识，这是容易察觉的。

还有很多的案例可说，对文化遗产的保护和持守，有乐观，有悲观。外滩源和徐家汇源是成功案例，效果很好。但是，如果我们更早进行保护的话，情况就会更好。徐汇滨江、杨浦滨江已经完工了，我也认为当初可以在杨树浦路、平凉路、扬子江路、黄浦路上保留更多的文化遗产。目前严峻的挑战是北外滩，那里可真是"海派文化的发祥地"。怎么传承海派？如何持守文化？巨大的城市更新运动面前，我们的文化如何重建？我们的城市意识和身份认同又如何优化？这些都是非常棘手的问题。

总结一下，上海是一个复杂的大都会城市（sophisticated metropolitan city），既是五方杂处，又是华洋杂居；既有多元文化，又有普遍认同；既开放胸襟，又强调主体意识。上海文化的好处在于它可以从地方认同，慢慢扩展为全球认同，在融入世界的过程中，既要讲自己的独有的文化价值，又要讲全球化的符合人性的普世价值。上海的全球化是一种有地方特色、有本地限制的全球化，就是一直讲的"全球-地方文化"（Glocal Culture）；没错，"海派文化"曾经是，也应该是"海纳百川"，但放在今天"全球化"受挫，又要坚持的环境下，我们还应该同时用上林则徐这副著名对联中的下联，即还要有一种"壁立千仞"的态度，对全球化做出修订和补充。"壁立千仞"是一种有原则、有尊严、有态度、有选择的包容，目的是开展一种有效果的融合，形成良性的社会认同。

二〇二〇年十月二十四日新华·知本读书会第八十二期

被拔高的作家和被贬低的史书

——《史记》性质的再探索

陈正宏

讲读《史记》多年，一直有一个很大的疑问，就是从鲁迅的那一句名言"史家之绝唱，无韵之离骚"引申的，众口一词《史记》既是史学名著又是文学名著的说法，从逻辑上细想，有一个非常大的悖论：如果《史记》是一部非常厉害的文学名著，那么司马迁就是一个非常了不起的作家；从作家的角度讲，作品的真实性应该不是第一位的。而如果真实性不是第一位的，它的文学性越强，史学性就越弱，那它怎么可以既是文学名著又是史学名著呢？

跟这个问题相关联的，是我看到一个非常有意思的现象，就是到现在为止，尤其是近三十年，关于《史记》的论文里面，推崇《史记》的论文绝大部分都是中文学科的人写的，历史学科的学者基本上不写这样的论文。

中文学科的人特别爱较劲的是什么呢？比如讨论"《史记》传记的非史笔描写及其文学效应"，比如论"《史记》非史"；还有的专门讲"文学性界说的实证"，就是在《史记》里面找想象力、虚构这一类东西；当然还有梳理历史线索的，比如谈"《史记》文学经典的建构过程及其意义"。

反过来看史学界怎么看《史记》，也很有意思。如果与最近三十年文学研究界的情形作对比，一个引人注目的现象，是史学界很少有人将《史记》作为史学经典来讨论。这现象可以有两种解释：一是《史记》已然是经典了，无须再讨论；二是史学界人士对《史记》的态度可能有些暧昧。其中后者的态度尤其值得关注。

可以先说一个感性而非理性的观察，中国大学的很多中文系课程中，会有《史记》精读、《史记》研究一类的课。但是在历史学科中，很多大学是不单独开设《史记》课的，复旦大学历史系没有，北京大学历史系好像也没有，这是不是很值得玩味呢？

另一方面，有很多的史学工作者是在利用《史记》做历史研究的，但是被新闻界爆出来的个别史学从业者和《史记》的关系，用现在流行的话来说，叫"怼《史记》"。怎么个怼法？凡是有新的考古或出土文献发现，其中若跟《史记》的记载有矛盾，就变成新闻了。一个最著名的例子，就是北京大学藏汉简《赵正书》。赵正就是秦始皇嬴政，《赵正书》一度被炒得非常热，是因为其中记录了秦二世在秦始皇死后是正常继位，并非如《史记·秦始皇本纪》所写，是杀了长兄扶苏，再和李斯合谋篡位的。《赵正书》发现后，有人就觉得这个东西非常重要，可以驳斥乃至推翻《史记·秦始皇本纪》的记录。

无独有偶。在湖南益阳兔子山遗址出土的秦简中，有一篇现在考订为秦二世元年的文告，文告里面最重要的内容是：秦二世是受秦始皇的遗诏当上皇帝的。史学界有人就根据这个文告，或者把文告和《赵正书》两者结合，认为可以质疑或推翻《史记·秦始皇本纪》中关于秦二世继位合法性问题的争议。

上面这两个例子，单个来看，没什么问题，因为出现新的材料，旧的传世文献问题当然可以再讨论。但我不认为这两例可以推翻《史记》里的有关记载。因为政权确立之后昭告至基层的文告，说的当然是冠冕堂皇的话，哪个皇帝会笨到自提篡位的事？而《赵正书》，事涉帝王更替，通俗地说，你在边远地区私人家里发现的抄本，跟中央政府内部可以看到很多史料的非常厉害的人物的记录，能够等量齐观吗？

举以上这些例子的目的，是想说明，我们现在把司马迁当作一个作家，而且是伟大的、一流的作家，这在文学研究界肯定没有问题，给他再多的褒义词都不会被视为过分。但是在历史学界，对于《史记》的看法，我觉得到现在为止可以用一个词来概括，就是暧昧。这"暧昧"的意思，是没有一个历史学者会站出来公开反对《史记》是一部伟大的史学名著、中国正史第一，但是真正需要用的时候，其实很多人是会避开的。避开的原因，我们下面会讨论。而当我们把文学研究界和史学界对待《史记》的不同态度加以剖析时，会发现涉及的问题，与司马迁的身份有关，更与《史记》一书的性质有关，也牵涉到更宽泛意义上的如何读《史记》那样的古书的问题。

司马迁身份的再检讨

司马迁的身份，以他成年后入仕的不同阶段而论，简单地说主要就是三个：郎中、太史令和中书令。这三个身份，用现代的观念来看，跟作家都还有相当的距离。第一个身份郎中，是汉武帝的低级侍卫，是武官。第二个身份太史令，相当于现代的天文台台长兼档案馆馆长，是科学家、文献学家或者科学工作的组织者。最后一个中书令，是汉武帝的机要秘书长，《史记》也是司马迁在这个职位上完成的，因此这时的太史公，可以算是高级官员加史学家了。但在这样一个序列里看司马迁，他到底算不算一个作家呢？说他不算作家的话，我想很多人肯定不同意。我想作家还是一个作家，但应该只是个业余作家。这个业余作家对自己还是有所期许的，因为在《报任安书》里，他说自己为什么要接受腐刑，大目标是写完他父亲嘱托的《史记》，小目标里则有一条，是"鄙没世而文采不表于后也"，就是说我很担心自己如果就这么死掉的话，我的文采就会被湮没，后世就无法知道了。就此可以看出他对自己的作家身份还是有一点期许的。但从他整个生平经历的三个身份看，他不是专业作家，只是业余作家。西汉前期有没有专业作家？有的，比如司马相如这样的，是真正的作家，以写作尤其是写当时最流行的文体"赋"为职志。但要把司马迁也当成司马相如那样相对单一的作家来看待，肯定是不合适的。

牵涉身份的最终极的问题，是《史记》中到底有没有司马迁主动创作的成分，尤其是有没有虚构的成分？如果有的话，那他当然是一个作家，尤其是如果创作得非常好的话，那就是一流作家；如果没有的话，还把他抬到一个不恰当的位置和高度，那就有问题了。

在特别推崇《史记》文学性的文字中，存在两种非常著名的说法。第一种是说，司马迁写《史记》的当时，还是文史不分的年代，他写的内容到底是文学还是历史，其实没有必要讨论，因为可以是文史兼具的。第二种是说，《史记》的列传是叙事的，跟本纪、表、书不一样。言下之意，司马迁写列传是像作家一样主要在创作，而当他写本纪、表和书时，是像史学家那样在写作，二者是分开的。

如何判断这两种说法呢？我的判断是，两种说法都不符合实际。第一种，说司马迁当时还处于文史不分的时代，这是绝对有问题的。司马迁以前，在中国文学史开始的阶段，确实文史不分，像《诗经》里有很多都是史料。但是到了汉代，说文和史还是不分，就不符合实际了。像西汉贾谊所写《鵩鸟赋》，把鵩鸟拟人化，跟它进行对话。这样的文字，带有浓烈的想象成分，也有虚构成分，已经显示出作者明晰的文学意识，所以我们才会看到中国传统书籍早期分类里专门有诗赋一类，也就是后来经史子集的集部的源头。不能因为在《史记》里看到一些文史交互的迹象，就说汉代整个社会是文史不分家的。而且司马迁写《史记》，意识里文学和非文学还是分得非常清楚的。比如他写《屈原贾生列传》和《司马相如列传》。《屈原贾生列传》尽管引用了屈原和贾谊的文学作品，但司马迁说得很清楚，这个人还是政治性的人物，这点尤其在《屈原列传》部分很能看出来；但是到了《司马相如列传》，他在里面写的和引用的，就都是文人性的东西了。所以那个时代，司马迁的整个环境里，文和史应该是能够分得清楚的。

至于第二种，说司马迁写《史记》，列传是一种偏重文学的写法，本纪、表和书是纯史家的写法，这样的说法，恐怕是没有考虑到《史记》是一个整体，而且司马迁在去世之前已经完成这个整体了。《史记》五体一共写了一百三十篇，在五体的结构中，每一体的篇数，都是有寓意的。按照我的理解，十二本纪就是十二支，十表就是十干，十二支和十干共同构成了一个永不结束的时间轮回。八书的八，有人说是八卦，我觉得那太牵强了，应该还是四面八方的八方，也就是一个延展的空间。至于三十世家，司马迁在《史记》最后一篇《太史公自序》里，以"二十八宿环北辰，三十辐共一毂"为解，说明为什么选三十这个数字。意指天上有二十八星宿环绕北极星，地上有三十根车辐支撑车轮正中的车毂（这就像现在的自行车车轮里有一众钢丝围绕支撑着车轴一样）。所以，三十世家是把天地勾连了起来。到最后的七十列传，七十就是所谓的众生了。这是因为在汉代以及汉代以前相当长的时间当中，七十这个数字就像我们现在的三五七九当中的九一样，表示多，比如对孔子的七十二弟子习惯的称呼是七十子之徒，秦代的博士有七十个名额等，就都是多的意思。

司马迁对《史记》的整体架构，是有非常精密的设计的。因为他是天文历法学家，他的数学肯定很好，他自己说用了五十二万六千五百字，写三千年以上的历史，没有这样精密的架构是不可能做到的。而在这样精密的架构里，你说他的五体中，前面的三体是史实的记叙，后面的两体或一体突然窜出去，是以文学为主的创作，我觉得是一种完全没有可能性的假设。

就此我们可以进一步来看一看《史记》的取材。现在理解《史记》，尤其文学研究界很多人写关于《史记》的论文，经常拿现代人的著述概念去套司马迁的写作实态，认为《史记》是由司马迁一人所著，那么他之前的事情，他怎么可以想得到？他都没见过，但可以写得这么生动，那肯定是靠想象了。现在网上也经常看到，攻击司马迁的人就认为《史记》里记载了那么久远的事，司马迁肯定没见过，肯定都是编造出来的。其实他们没有意识到，《史记》不是一个完全独立的著述，而是一个文献编撰性质的著述；司马迁的身份更像我们现在的文献学家，而不是文学家。

关于《史记》究竟是怎么取材的，司马迁说过三句话："网罗天下放失旧闻"，"厥协六经异传，整齐百家杂语"，"余所谓述故事，整齐其世传，非所谓作也"。分别出自《太史公自序》和《报任安书》。从这三句自述，可知司马迁的具体做法，主要是广泛收罗史料，做精密的排比和有限的整理工作。他以孔夫子的"述而不作"自比，也明确地显示，他编纂《史记》，不可能是以一个作家的身份，或者主要以作家的身份来创作的。

　　但有时候我们读《史记》，会觉得它写得太生动了，如此生动的内容里没有一点创作的成分，是难以置信的。但我们经常忽略的是，《史记》之所以生动，是因为有些内容不是来源于文本，而是口述史的记录。司马迁记录的水平很高，但终究不是他的创作，理解这一点是非常重要的。

　　我们现在回到第一个问题，"司马迁身份的再检讨"，还是应该看一看著名的《史记》注释家、唐人司马贞的说法。司马贞说：

　　　　《史记》者，汉太史司马迁父子之所述也。比之班书，微为古质，故汉晋名贤未知见重。

　　这一说法，既包括了唐人的视角，也包括他所转述的汉晋时代有学问的人的看法，跟我们现在的想法很不一样。他们眼中的《史记》，比《汉书》要略微古老质朴些，我们现在肯定认为《汉书》比较"古质"，《史记》多生动啊，应该说它颇有神采才是。就此而言，现在尤其是文学研究界的人刻意要把司马迁抬高到一流的作家或者是文豪的地位，因此刻意强调《史记》的文学创作性质，尤其是虚构性、想象力，我觉得是不合适的。因为这既不符合司马迁写作《史记》时的取材和剪裁方法，也不符合我们现在阅读《史记》、利用《史记》的真正方向。

作为史书的《史记》的价值波动史

司马迁的《史记》完成以后，在比较长的时间里传播并不是很广。但其中有一个非常重要的人物，就是班固。班固是《汉书》的主要编者，他对《史记》的最大影响有两个方面：第一，《汉书》里武帝及以前部分有不少是直接拷贝《史记》而来的（这并不能说他抄袭，因为他本身的目标是续撰《史记》，后来是从私撰历史变为官修之后再成为《汉书》），客观上扩大了《史记》的影响。第二，班固在《汉书》里专门写了一篇司马迁的传，其中一段非常重要：

> 刘向、扬雄博极群书，皆称迁有良史之材，服其善序事理，辨而不华，质而不俚，其文直，其事核，不虚美，不隐恶，故谓之实录。

大家都知道，班固对司马迁有很多的批评，就是见于《汉书》的《司马迁传》。但这一段他讲得比较客观，通过转述刘向、扬雄这两位西汉后期著名学者的话，说明司马迁的《史记》在史学上归根到底还是实录。

事实上，在不算短的时间里，《汉书》在史学上的地位，是比司马迁的《史记》要高的。所以我们现在读《史记》，经常能看到前人用《汉书》的注解释《史记》，就是因为这个原因。

到了唐代，对于《史记》史学价值的判断，发生了两个方面的变化。一个方面是因为魏征等主编《隋书》，其《经籍志》部分书籍的分类变成了经、史、子、集四部分类，其中史部里排第一的就是《史记》，因为它是"正史第一"，地位就相对比较高了。另一方面，唐代著名的史学理论家刘知幾，在所著《史通》里，专门讨论了"史"的六个流派，其中说到《史记》，是这样描述的：

> 寻《史记》疆宇辽阔，年月遐长，而分以纪传，散以书表。每论家国一政，而胡越相悬；叙君臣一时，而参商是隔。此其为体之失者也。兼其所载，多聚旧记，时采杂言，故使览之者事罕异闻，而语饶重出。此撰录之烦者也。

刘知幾对于《史记》体式的批评，对现代人而言是很难理解的。我们现在理解纪传体分五体，是很精密的架构，是不朽的创造，但是刘知幾当时认为是"体之失"。这里的"体"不是文体，而是史体，是史家著述的体裁。说明在那个时候，像刘知幾这样的史学理论家其实是不理解司马迁的，也不习惯读《史记》。

所以唐朝人在史学上对于《史记》的评价，其实是分开的。在官修史书里，好像它被抬得很高，认为它是"正史第一"；但是具体到史学专家群里，还是有人不买司马迁的账。

这样发展到宋代，问题就更大了。宋代仅有一小部分人对《史记》的评价还不错，而大部分名流都看不起司马迁。其中最看不起司马迁的，是苏东坡的弟弟苏辙。他认为司马迁为人"浅近不学"，《史记》也写得很差，就重起炉灶写了部《古史》。苏辙的前辈欧阳修，对《史记》评价也不高，在《帝王世次图序》一文里给下的判断是：

> 至有博学好奇之士，务多闻以为胜者，于是尽集诸说而论次，初无所择，而惟恐遗之也，如司马迁之《史记》是矣。

这也就意味着，到了北宋，在跟历史有关的学者群体里，普遍认为，像司马迁这样尽量把材料收罗起来、尽量不遗失一些东西的做法，是不行的。而也就是从这个时候起，中国人开始越来越强调司马迁作品的文学性了。有不少人在

《史记》作为史书出现材料上的问题时，就说司马迁的文笔好。

当然也有相反的特例。比如南宋的郑樵，比较司马迁与班固，就说司马迁是龙，班固是猪，"奈何诸史弃迁而用固，刘知幾之徒尊班而抑马？"其中触及的，是中国史学史上长久以来的一个公案："班马异同"或者更确切地说是"班马优劣"。郑樵的说法，道出了一个史实：《史记》的"正史第一"，是一个看上去很高大，其实后继无人的东西。因为《史记》是通史，但后来所有正史效法的对象，其实不是司马迁的《史记》，而是班固的《汉书》，是断代史。郑樵因为喜欢宏大的、通贯的叙事，编写的《通志》接近通史，所以就觉得班固不行，但他的声音并不是主流。

进入明朝以后，史学界对于《史记》的地位评判几乎全是套话，夸得很厉害，却没有实质性的内容。当时真正有实质性的评价，多来自文学界。比较有意思的是，无论是时文（八股文）还是古文的评论，都夸司马迁的文笔好，而这两支队伍原本是互相看不起的。这一点反衬出《史记》在明朝人心目中，史学价值是有所下降了。

清朝对《史记》的评论五花八门。但是仔细看看，当时尽管刻了很多《史记》的好本子，史学家、文献学家、思想家对《史记》都比较苛刻。我们举两个例子。

第一个是王夫之。王夫之著《读通鉴论》很有名，但其中对司马迁的批判却颇骇人：

> 司马迁挟私以成史，班固讥其不忠，亦允矣。……
> 迁之为（李）陵文过若不及，而抑称道李广于不绝，以奖
> 其世业。迁之书，为背公死党之言，而恶足信哉！

　　王夫之痛斥太史公的，第一是夹带私货，第二是《李将
军列传》里拼命为朋党发言，所以不值得信。王氏并非高
官，不过是一在野文人，但他的正统思想意识非常强，所以
会从"不忠"之类道理出发去批评《史记》，连带认为作为史
书的《史记》完全不可凭信。

　　第二个例子相对来说不太有名，是清朝的女学者李晚
芳。她写了很多评《史记》的文字，火力也很猛。她怼太史
公，说：

> 尝观其《报任少卿》一书，怼君者十之六七，怨朝
> 臣朋友者十之二三，全无一言反己内咎，所谓自是而
> 不知其过者，非欤？其褊浅也甚矣！操是心而修国史，大
> 本已失，故《平准》《封禅》，尽属谤书……（李氏《读
> 史管见·自序》）

　　说司马迁操心修国史，自然是李晚芳的误会；"谤书"的
说法，也不是她自创的，早在三国时期就已经非常流行，但
是她把它坐实了，而且提到了"大本"，也就是大是大非的
高度。

清朝人非常有意思的一点就是：一方面是考据学十分发达，讨论历史文本时方法颇为严密，有近代科学的雏形；另一方面又特别正统，好讲大道理。不光是大名头的作家，就是普通的作者，也是如此。

　　清代及以后的《史记》价值波动史中，对司马迁越来越偏向于苛求，这种苛求一方面是道德层面上的，另一方面也是学术层面上。学术性的问题，由于康有为《新学伪经考》等今文经学著述的推波助澜，最后聚焦到今本《史记》到底跟司马迁原来的文本差距在哪里，《史记》作为一部完整的书还可不可信，这样严峻的拷问上。

　　在二十世纪前期的疑古思潮中，北京大学教授崔适对《史记》的伤害是非常大的。洪业先生在哈佛大学任教时，甚至跟美国学生说："我对你们的劝告是，崔适的书应视如毒药。"（洪业《史记三讲》）崔适写于二十世纪初的《史记探源》，武断地宣布《史记》"八书皆赝鼎"，影响深远。其中最直接的影响，就是梁启超所著《要籍解题及其读法》盲从崔适之说，径直对史学的初学者说："八书本为极重要之部分，惟今所传似非原本。与其读此，不如读《汉书》各志，故可全部从省。"《史记》五体中十分重要的专讲中国早期制度史的一体的全部，就这样轻率地被驱逐了。再接下来就是顾颉刚等倡导的古史辨派，对累层造就的中国古史进行反思和考证，《史记》的价值自然也必须被重估，客观上造成了历史学界对《史记》表面上非常推崇，实际利用时却采取绕着它走的态度。

　　这一矛盾态度的内在逻辑和现实结果，大概是这样的：《史记》里既然有不少可疑乃至假的东西，那当然最好不用。但涉及西汉的部分，不用又不行，怎么办呢？有一个办法，就是《汉书》里有很多跟《史记》重复的内容，尽管文辞略有不同，但《汉书》里的相应部分没有人提出异议，那么作为史料使用时总比《史记》可靠些，所以众人就都偏向用《汉书》了。

　　但是从文献学的角度讲，史料还是有层次的。从史源上说，用《史记》的好处其实要超过用《汉书》的很多。为什么？有两个原因：一是关于汉代尤其是西汉前期的，《史记》是第一手材料，当然应该用第一手的；二是关于汉代以前的，《史记》当然大部分是抄录前人的，但由于经过了两千多年，有不少司马迁当时所用的文献今天已经看不到了，而流传到今天的同名古书，我们所见的文本，究竟是否跟司马迁所见为同样的文本，也不无疑问。尤其重要的是：尽管《史记》在流传过程中被添来改去增减改变了一些文字，原则上现在大部分还是能够分清楚来源的。同时因为《史记》有很长一段时间是不被关注的，不被关注的东西，原则上是没有人会处心积虑、大动干戈地去删改它的（当然按照中国传统的做法，早期的一部书，在成为经典之前，如果有遗漏的内容，后人是可以作补的）。当《史记》成为经典之后，经典不可任意删改原则，又保护其中若干富有现代意义的内容，不被删略，流传至今。加上司马迁对于原始文献的态度，是尽量录入原文，再点铁成金式地修改若干的字词以符合汉代人的阅读习惯，因此《史记》在保存原始文献的真确性方面，整体上还是很值得信赖的。

在这个意义上说，至少从我非历史专业的读者来看，史学界现在对《史记》作为一部史书的价值，是有点贬低的。尽管历史专业从业者中大概没有人会承认这一贬低说，但个人觉得至少重视程度是很不够的，尤其是跟文学界对《史记》和司马迁作家身份的拔高，形成了鲜明的对比，这对于长期以"正史第一"著称的史学名著《史记》，是不太公平的。

从《史记》的性质说古书的读法

《史记》究竟是一部怎样的书，司马迁自己是有明确解释的。他在《报任安书》里说：

> 仆窃不逊，近自托于无能之辞，网罗天下放失旧闻，考之行事，稽其成败兴坏之理，凡百三十篇，亦欲以究天人之际，通古今之变，成一家之言。

所谓"究天人之际"，因为司马迁相信天人感应，他的历史观认为历史是轮回的：小的大概是三十年，中的大概是五百年，大的可能是一千五百年，最大的是四千五百年。在这四千五百年里，天地都有轮回。因为司马迁懂天文历法，他知道天体运行是循环的，不过他要把天体循环的这种轮回，跟人世结合起来，认为人世也有循环，这就说得有点远了。

相比之下，所谓"通古今之变"，他做得更好，《史记》从五帝时代的黄帝开始写起，一直写到司马迁本身所在的汉武帝时代，这是后来的传统历史学家做梦都不敢想的。至于"成一家之言"，一般的理解，是司马迁要成他自己的"一家之言"。从文学的角度来说，他写的东西非常有文采，非常有个性，好像就可以叫"成一家之言"了。是这样吗？我觉得不是。梁启超曾经有一个非常精辟的说法，他说《史记》在当时并不是我们所理解的一般史书，当然更不是文学作品，而是"借史的形式"来发表的"一家之言"。所以进一步推论，所谓"成一家之言"，更可能的意思，是成为诸子百家中的一家。这样的推论，我们还可以用《史记》各篇中出现的一个名词来作旁证，那就是"太史公曰"里的"太史公"。在完成《史记》的时候，司马迁已经不是太史令，而是中书令了，但他不称"中书令曰"，也不称"太史令曰"，而是"太史公曰"，就是表示书不是我司马迁一个人写的，是我和我父亲合写的，这是第一个层次；第二个层次，也是更重要的，这书不光是我和我父亲编写的，还是我们太史公家族的发声。从这个意义上说，比较合乎事实的结论是，在司马迁当时的意识里，《史记》还不是史书，而是子书——"经史子集"的

"子"书。

值得注意的是，中国古代将书籍按性质进行书目分类，现存最早的是以汉代刘向、刘歆父子编纂的《七略》为基础的《汉书·艺文志》，其中著录了《史记》，写的是"太史公书一百三十篇"，分类则归到"六艺略"里的《春秋》类。就此而言，在汉代，《史记》其实是兼跨"六艺"和"诸子"两大类的，也就相当于兼跨后代四部分类法里的经部和子部。到了唐初编《隋书》，如前所述，《经籍志》部分著录了《史记》，分类在史部的"正史"类。而《史记》原本是"借史的形式"的一种著述，到这时又位列正史第一，所以它其实又兼跨史部和子部了。因此如果我们用传统书籍的四部分类法来看，《史记》是经、史、子三部都沾边，就是没沾集部。集部所收，按照现在一般的理解，大都是文学作品。所以我们应该怎样认识《史记》的性质？恐怕不能简单地用现在的方法，比如二分法，认定它一定是文学或者是史学，比较可行的，还是要回到中国传统著述体式中。

清代乾嘉学派的代表钱大昕，在为同时代《史记》专家梁玉绳所著《史记志疑》所写的序里，有一段话非常精辟，他说：

太史公修《史记》以继《春秋》，其述作依乎经，其议论兼乎子，班氏父子因其例而损益之，遂为史家之宗。后人因踵事之密，而议草创之疏，此固不足以为史公病。

"太史公修《史记》以继《春秋》"的说法，来自《史记》最后一篇《太史公自序》，因此《史记》在体例上原本有经部著述的痕迹。太史公站出来发声，写"太史公曰"，或者发感慨的时候，则有子书的意味。到了班彪、班固父子编纂《汉书》，把《史记》五体的体例修修改改，这种纪传体的史书样式，才成为史家们共同尊奉的老祖宗。至于后来者都用班固以后的所谓正史的体例来强求司马迁，说《史记》这个地方不对，那个地方不对，不像正史，是因为他们都把《史记》看窄了，他们不明白《史记》原本是"依乎经""兼乎子"，最后才成为"史家之宗"的——顺便说一下，有意思的是，钱大昕为《史记志疑》撰序，开篇就是我们上面引用的这段话，而梁玉绳的《史记志疑》，正是用后来正史的规范体例来苛求司马迁的。

　　我们现在探究《史记》的性质到底是什么，正应该首先理解它的这种综合性。

　　读《史记》，有一种情境是非常有意思的。那就是看着看着，就看到司马迁自己现身说法了。比如七十列传的第一篇《伯夷列传》，真正的传记文字并不多，发感慨的文字倒很不少，可以看出司马迁写这篇列传时，情绪是非常激动的。这样的写法，在《史记》以后的正史里，是完全没有，也不被允许的。而且按照《太史公自序》的记载，《史记》总共写了五十二万六千五百字。连字数都数得这么精确，大概率说明司马迁写完全书后，修改了一遍，但他就是不改这些在后代看来不像史书的内容，可见他落笔之时，就意识到自己所写的，本不是简单地像《春秋》那样的编年体，或者把编年体扩大为纪传体，他是要发感慨，要有"我"的个人立场的。所以跟司马迁同时代的扬雄，对《史记》的评价非常有意思。在所撰《法言》里，他说：

> 或曰：《淮南》《太史公》者，其多知与？曷其杂也。曰杂乎杂，人病以多知为杂，惟圣人为不杂。

扬雄引时人的说法，把《淮南子》跟《太史公书》并列，本身就很有意味，说明当时人眼中的《史记》，确乎跟《淮南子》同属子书。这样的子书，用今天的话来说，知识点很多，内容很丰富，但也容易引人争议：把什么东西都放进去了，是不是太过繁杂？扬雄的解释是：表面上看，它们是繁杂的；但一般人的问题，就在于把知识面丰富当作繁杂，唯有圣人不会认为那是繁杂。

从扬雄论《史记》之"杂"，可以引申出两个问题：一个是《史记》的逻辑层次，一个是《史记》的细节描写。

《史记》作为一部精心结构的大书，其逻辑层次非常重要。如前所述，十二本纪、十表、八书、三十世家、七十列传，五体的逻辑，是从时间到空间，再从天到地到人间。因此，从严格意义上的史学发端时候开始，司马迁就给中国史书的写法，带了一个非常好的头：史书的撰写，既需要把大的空间概念、长的时间概念梳理清楚，也需要把那些最具体的活生生的人的生活状态描写清楚。可以说，《史记》里司马迁呈现的这种层次感是非常清楚的。

至于细节描写问题，我们先举个例子。宋代的欧阳修尽管对司马迁不无微词，但总体上还是很佩服的。他写过一篇传记《桑怿传》，主人公是一个做小官的人，写得非常生动。欧阳修就此有一段关于《史记》书写特征的讨论：

> 余固喜传人事，尤爱司马迁善传。而其所书，皆伟烈奇节，士喜读之。欲学其作，而怪今人如迁所书者何少也。迁特雄文，善壮其说，而古人未必然也。及得桑怿事，乃知古之人有然焉，迁书不诬也。

欧阳修对《史记》中传记部分生动情节是否真实记录的疑惑，来自宋代现实中缺乏类似司马迁笔下人物那样的"伟烈奇节"，但同样也是现实中的那位桑先生的事迹，给了太史公一个最佳的穿越式的辩诬机会，让欧阳修意识到古今皆有非同一般的人和事。

《桑怿传》所揭示的问题，其实就是细节在历史书写中的价值。古今中外的历史都有三要素——时、地、人。就中国古代史而言，时、地的研究都没有问题：时间上，尤其是历史编年的工作，代不乏佳作；地点上，历史地理学科已经发展成为独立的学科，做得也很好。相比之下，人是比较麻烦的。虽说没有人就无所谓历史，但个人在历史书写中到底表述到何种程度才是合适的，至今仍是一个没有共识的问题。

《史记》描述历史时的层次感，从本纪、表、书、世家到列传五体的这种层次感，我觉得最好的地方，是从长时段的历史时空记录，到人的具体活动的描述，司马迁不单纯追求大数据，他更主要的追求，是真确地反映非抽象的人性。这其中典型的例子，是八书的《平准书》。如所周知，《平准书》牵涉到经济，经济必然牵涉到钱，钱必然要讲钱数。司马迁做过专管文书档案的太史令，最高做到中书令，西汉前期全国性的档案，他自然能很方便地看到，整个的大的数据想必他也都能了解。但《平准书》里凡是记到钱数的地方，没有一处像司马迁写自己的《史记》有五十二万六千五百字那么精确，反而都是大约、约等于。他不知道那些准确的数据吗？当然不是。他是觉得，在史书中，只需告诉读者一个大概的数字，有个印象就行了。讨论经济问题，他更关心的，是经济背后的人。所以《史记》的整个设计，为什么一百三十篇中要花一半以上的七十篇去写人，写各种各样的人，太史公是有非常深入细致的考虑的。但是反过来，他又不是说我只要写人就可以了。我写人，必须有本纪，有表，有书，有世家，有这样全局性的篇章笼罩住，然后再把七十篇列传里面的几百个人挑出来，去展示三千多年间，在这片土地上发生过什么。

从这个意义上说，我觉得最重要的结论是，细节描写不是文学的专利。历史如果没有细节，恐怕还是不能算是真正的历史。现在有的人把历史或者史书单纯地理解为数据、制度或者个人履历，觉得人的个性、心态、感情都是不重要的，我觉得是不对的。

　　此外，无论是历史学界还是文学研究界，都有人在反复讨论《史记》的虚构问题，总觉得书中的人能这么生动地说话，有这么丰富曲折的情节，一定是文学不是历史。我觉得这样的想法也值得商榷。现实生活中某些奇葩的情节、生猛的话语，是小说家做梦都想不出来的。而透过现实去观照历史，尤其是读《史记》这样的经典文本，就会发现许多人、许多事都是"古已有之"。所以用是否有对话、是否有细节，来判断某个文本是文学文本还是历史文本，显然是有问题的。

　　《史记》尽管是由子书最后导引到史书上去的综合性文本，但是司马迁作为公认的一流史家，写这样的作品的时候，他对人本身是有非常深切的体会的。他应该觉得，书写历史，如果我对于人性的东西不能揭示得很清楚，那么历史好像就没有被打开，所以他对抄档案的兴趣并不大。比较《汉书》跟《史记》，做历史研究的人特别喜欢《汉书》，因为数据准确；但是作为经典来阅读的时候，大部分人更喜欢的恐怕还是《史记》，因为司马迁写东西，就好像他在你我面前，跟我们聊天一样。

司马迁到底长什么样？我们已经不知道了。十六世纪明朝的一部类书《三才图会》里，有一幅司马迁像，我觉得画得非常好：没有胡须，是表示他受过宫刑；眼中隐含忧伤，是表明他对世事有非常深刻的洞察，但又觉得无可奈何。这位身心都受到过摧残，却依然对众生怀有温情的智者所编写的《史记》，值得每一个中国人都认真地读一读，不是因为它名头大，而是因为其中既有对长时段历史的比较真确的追述，也有很多能够触及人内心的古今相通的感性书写。

司马迁像
〔明〕王圻《三才图会》

二〇二〇年十一月二十一日新华·知本读书会第八十三期

昆曲的审美境界

郑培凯

　　观看昆曲的舞台表演，假如你对这出戏的情节，或者故事背景，以及戏中所要展现的情感不太了解，就会浮光掠影，一闪而过。如果内行的老艺术家从头到尾给你叙述，这个戏是怎么学的，学了以后又是怎么体会的，然后到舞台上实践演出的时候，又是怎么发挥自己作为一个演员独特的艺术特质的，配合这些诀窍，再看他们的演出，你就能够体会，昆曲追求的艺术境界到底有多高。这是很重要的一件事。

　　经常听到大家说，昆曲是"百戏之母"，或者"百戏之祖"。我觉得不要这样讲，因为这样讲混淆了许多东西。第一与历史不符，第二在逻辑上有问题。最好称昆曲为"百戏之模"，是一个模范、典范。我们讲百戏，从古就有。战国以来，就有很清楚的文献记载与文物，到汉朝有非常多的文献与图像资料。百戏包括所有的表演曲艺，以及各种各样的杂技表演。所以不可以说，明朝发展的昆曲是战国以来的百戏之祖，或百戏的母亲，这是不通的。有的人就说，此百戏非彼百戏，重新定义百戏为现代的地方戏，那么昆曲是它们之母，或者是它们之祖。这样讲也不恰当。其实昆曲的整个脉络是从南戏来的，同时又结合了北曲的传统。我们讲南戏，比如《琵琶记》整个剧本的结构与填曲的范格，作者编写的时候，不是按照昆腔的方式，不是按照水磨调的方式，而是按照南戏的传统下来的。《荆钗记》《白兔记》《拜月亭记》《杀狗记》四大南戏，昆曲都可以演，但别的剧种也可以演。

我今天从三个方面，来讲昆曲的审美境界到底为什么高，为什么高雅，为什么值得我们特别尊崇，而且值得我们参考，给我们很重要的启发。

第一个是昆曲剧本的文辞。昆曲的文辞是非常美的，这里头有中国古典文学里面了不起的贡献。通过昆曲形式，在舞台上展现了特别优雅的文辞。在文学的境界上，昆曲比一般的地方戏，比如清朝出现的乱弹、花部等，优雅得多。它追求一种更高的艺术境界。我们并不是说，艺术展现的好坏、高低，不同的形式就一定是哪个高，哪个低，哪个好，哪个坏。可是，在艺术追求上，在某一种特定艺术形式上，比如舞台表演，总有一种特别的方式，让表演得以淋漓尽致，展现得最为精致优美，那么我们就说，对艺术境界的追求，到了一个巅峰的状态。

第二个是昆曲的音乐。从北杂剧到南戏，戏曲音乐都有发展。这些发展基本上都被昆曲吸收融汇了。昆曲的唱腔特别流丽优美，展示出一种高雅的风味，代表了中国文化精英追求的高雅境界。从这个意义上来讲，在明代中叶的苏州一带，有许多参与音乐创作的音乐家，以魏良辅为首，发展出了昆曲、昆腔，我们一般称之为水磨调。我们现在通行讲的"昆曲"，其实不是在讲古代昆山人唱的曲，而是有其特殊的定义，说的是"昆腔水磨调"。昆腔水磨调这样一种唱腔，这样一种展现，在音乐层次上有非常高的境界。这样一种音乐表现，我们称为"昆曲"。我们经常听到许多人说，昆山人唱曲，可以追溯到元代，至少是明初。其实，你想想，昆山人应该是自古以来就会唱曲的，一定会唱歌的，可是昆山人自古唱曲，和我们今天讲的昆曲或昆腔水磨调，是两个不同的概念。对于昆腔水磨调的出现，魏良辅的贡献很大。现在很多学者在讨论魏良辅到底是谁，我们暂且把他当作一个音乐创作的集合体。有魏良辅这么一个人，或者是魏良辅这么一个音乐集合体，对于昆腔音乐的发展做出了很大的贡献。

第三个是戏剧表演、舞台表演。历代演员、伶工、表演艺术家在舞台上翻滚打磨，从明朝嘉靖、万历年间开始，一直到今天都没有停顿昆曲表演。昆曲发展最辉煌的一段时间，就是从万历年间到清朝的乾隆年间，到道光年间开始慢慢有所衰落。这个衰落，并不表示艺术展现消失了，它的传承还是相当清楚的。到了清朝中叶的时候，花部乱弹兴起，地方戏勃发，特别是在光绪年间，各地的地方戏发展蓬勃。它们的养分，在相当程度上是从昆曲发展的模式中汲取的，然后按地方的唱腔、地方表演特色展现出来。

再谈回戏曲剧本，我们知道演戏人经常讲一句话，虽然是俗语，可有一定的道理，就是"剧本，剧本，一剧之本"。假如剧本很差，演员再怎么演也只是舞台上的一些技术，戏不可能感人很深。而且，假如文辞，特别是曲词、唱词，不够优美也不够深刻，就不会把观众们感动到落泪。如果戏词优美如诗，音乐也悦耳动听，配合戏词所要表达的感情，然后表演到位，唱作俱佳，观众就会被引入戏曲构筑的境界，得到全面的艺术感染。我所说的这三个方面，是要紧密结合的，这是造成昆曲审美境界达到高峰的一个重要原因。

很多人讲昆曲的时候，讲昆曲的特色，有象征性、虚拟性、时代性、纯粹性、多元性、综合性等很多的特性。这样讲比较笼统，好像就是说，昆曲包罗万象，它到底是什么样的，你自己去体会吧。我今天给大家讲的内容结合了昆曲所用的剧本、音乐的发展、舞台表演，具体地跟大家讲一讲为什么昆曲有这么优秀的展现。

我们知道元杂剧已经比较成型了，有了整个表演的模式，可以称为完整的戏剧。在古代百戏阶段，甚至到了唐朝，有所谓唐戏弄，经常是两个人或很少的几个人表演，或者是只着重舞蹈与音乐，没有清楚的起承转合的剧情。到了宋朝的时候，特别是到了南宋的时候，许多地方已经发展出整体的戏剧模式了。元杂剧当年在大都发展得很好，现在仍保留了很多元杂剧的剧本。元杂剧一般来讲，就是四折，或者再加个楔子，这四折当中，一般而言，是一个主要角色表演。假如是生，从头到尾都是生，就是生的戏，旦就是旦的戏，其他角色都是陪衬。早期南戏的结构比较复杂，情节纷繁，角色比较多。南戏的发展，一般是说从温州一带，即浙江南部，散布到浙江北部，再逐渐散布到江西、到福建北部，然后再扩散出去。最主要的一个大变化是，在明朝中叶，南戏逐渐取代了杂剧、北院本。而且唱腔也结合了南方各地的唱腔，出现各种各样的调式、各种各样的唱腔。同样的曲牌，在不同地方唱戏的时候，会有它自己的特色。

我们发现一个重要现象，就是南戏传统无远弗届，剧本情节与唱词相对固定，在不同剧种、不同唱腔的演出中，剧本大体上相同。这也解释了我们今天有这么多地方戏，即便唱腔不同、音乐不同，但剧本情节与结构却类似，可以很容易地转换移植。甚至有些新编戏，把它转成其他的剧种也很容易，因为剧本大体上是按照南戏的架构写的。这种剧本编写传统，算起来也有八九百年历史了。在早期，重要剧本里的文辞是比较朴实、本色的，并不刻意追求优美，不会优美如诗，甚至连篇文学典故，到了一般老百姓听不懂的地步。到了明代以后，由于大量文人雅士的参与，这个状况才逐渐出现。所以，四大南戏《荆钗记》《白兔记》《拜月亭记》《杀狗记》的文辞，都比较本色、朴实，在文人雅士眼里就有点粗鄙，不够高雅，对诗情境界的追求、对于内心情愫的摹写也不够细致。

最典型的例子，比如《琵琶记》，这出戏出现得很早，应该在南宋的时候就已经出现雏形了，也就是赵贞女的故事。故事讲蔡伯喈上京赶考，中了状元，入赘牛宰相府，不顾家里父母妻子的死活。家乡遇了灾荒，没东西吃，赵五娘（赵贞女，蔡伯喈之妻）照顾公婆，剧情中有"吃糠"一段（温州瓯剧还保留了传统的特殊演法）。她把剩下的一点米煮成米汤侍奉公婆，自己吃糠。把好的给公婆，自己吃差的，展现了一个孝顺贞洁的妇女形象。公婆死了，赵五娘交代邻居张大公照料坟茔，自己背着琵琶，上京去找蔡伯喈。蔡伯喈忘恩负义，不认糟糠之妻，当街马踏五娘，把她踩死。宋元时期流传的这出戏，反映了老百姓痛恨背信弃义的读书人，大骂蔡伯喈。陆游有首诗《小舟游近村，舍舟步归》："夕阳古柳赵家庄，负鼓盲翁正作场。身后是非谁管得，满村听说蔡中郎。"说的就是这个故事。有意思的是，这出戏到了文人手里，因为文辞粗糙，又不合温柔敦厚的教化原则，所以元末明初的高明（字则诚）改写了《琵琶记》，让我们看到一个"全忠全孝蔡伯喈"，这是一个大改变。高明改写的过程，美化了蔡伯喈，却也保留了"吃糠"这一段情节，惨淡经营，文辞写得特别感人泪下。我们下面会具体讨论。

戏曲到了明朝中叶之后，各个地方唱腔兴起。所谓"四大声腔"，是二十世纪后半叶学者写进教科书里的，并不是最恰当的说法。在各地唱腔当中，海盐腔和昆腔走的是雅化的道路，尤其是昆腔。昆腔水磨调出现以后，海盐腔就没落了。顾起元（1565—1628）《客座赘语》就说："今又有昆山，较海盐又为清柔而婉折，一字之长，延至数息。士大夫禀心房之精，靡然从好。见海盐等腔已白日欲睡，至院本北曲，不啻吹箎击缶，甚且厌而唾之矣。"

从嘉靖到万历年间，整个精英阶层、文人雅士支持的，是一个戏曲雅化的过程，而且这些文士也都参与戏剧活动，创作剧本，使得明传奇文学作品大为发展。《琵琶记》《浣纱记》《牡丹亭》《长生殿》，从晚明一直到清朝中叶，因为审美情趣持续提升，戏剧文学与演艺追求的展现，在舞台演出上是有一定演变的。这个演变就使得昆曲成为中国戏曲剧本、表演、音乐展现的最高境界。

高明改写的《琵琶记》，除了颠倒原来剧情的忘恩负义，说蔡伯喈是"全忠全孝"，在文辞编写上惨淡经营，是很有意思的。现在所谓的元本或古本，实际上就是高明改写的本子。它的文辞比较朴实，写到"吃糠"却连篇累牍，淋漓尽致，描绘赵五娘吃糠的狼狈，象征了自身处境的狼狈不堪。与丈夫的鸿鹄之志相比，贵贱之分就像米与糠，经过播扬，两下区分。戏中两段曲文十分感人："【孝顺歌】呕得我肝肠痛，珠泪垂，喉咙尚兀自牢嗄住。糠！你遭砻被舂杵，筛你簸扬你，吃尽控持。好似奴家身狼狈，千辛万苦皆经历。苦人吃着苦味，两苦相逢，可知道欲吞不去。""【前腔】糠和米，本是相依倚，被簸扬作两处飞？一贱与一贵，好似奴家与夫婿，终无见期。丈夫，你便是米么，米在他方没寻处。奴家便是糠么，怎的把糠救得人饥馁？好似儿夫出去，怎的教奴，供给得公婆甘旨？"（高明《元本琵琶记校注》，钱南扬校注）文辞虽然本色，却是文学化、诗情洋溢的唱段，唱出了无尽的痛苦与无奈。在昆曲的演出中，音乐与做工又有了一些特别的提升。大家可以去看看梁谷音老师的表演，看看昆曲艺术家是如何把赵五娘的悲苦境地展现得淋漓尽致的。昆曲传统的展现，演艺的唱作俱佳，配合精彩的文辞，让戏剧进入诗化的境界，是很重要的。

明朝初年，还有很多戏，但是这些戏基本都不受大家重视，只有片段流传在舞台演出。嘉靖年间梁辰鱼的《浣纱记》，配合了魏良辅制作的昆腔水磨调，在音乐雅化上有很大的提升，奠定了昆曲的舞台演出地位，有划时代的意义。梁辰鱼字伯龙，昆山人，是第一个把昆腔水磨调，配合到剧作的文人，这使得《浣纱记》的剧情与文辞得到比较优雅的展现。我们看梁辰鱼的资料可知，他诗文书法俱佳，在词曲方面更显才情，撰有《江东白苎》曲集。《浣纱记》的剧本，在文学性、音乐性与舞台表演的结合上是非常成功的。用现代词讲，就是"三结合"，三结合的效果，就更能够展现剧中人物的内心情感。从此之后，由梁辰鱼的《浣纱记》作为一个先导，就有很多人在戏曲艺术追求上认同苏州这一带发展的昆腔水磨调，以之展现剧中人物的细腻情感，所以用昆腔水磨调来填曲写戏也就成了风尚。比如汤显祖的剧作，他写《牡丹亭》，不完全是昆腔水磨调，填曲的模式基本是海盐腔，是他家乡江西抚州、宜黄这一带发展的改良版海盐腔，可是他在南京生活过很长一段时间，活跃在诗文戏曲圈中，当然知道昆腔水磨调。《牡丹亭》原先演唱，有不叶苏州韵之处，经过几代人的调适打磨，可以完完整整地用昆曲水磨调的方式唱出来，一直演唱到今天，显示了昆曲三结合的重要，成就了戏曲舞台表演的典范。

《浣纱记》为昆腔水磨调在戏曲演出中做了重要的历史定位，有几个折子戏成为舞台演出的保留剧目，如《寄子》。这出戏讲伍子胥打算死谏吴王夫差，先把儿子带到齐国去，托付给朋友寄养。他事先没告诉儿子到齐国的意图是永别，直到最后才透露真情。这一段生离死别的戏，文辞非常优美，再加上演员唱作的配合，十分感人肺腑。

【胜如花】（外）清秋路，黄叶飞，为甚登山涉水？只因他义属君臣，反教人分开父子，又未知何日欢会。（合）料团圆今生已稀，要重逢他生怎期？浪打东西，似浮萍无蒂，禁不住数行珠泪。羡双双旅雁南归，羡双双旅雁南归。

浪打浮萍，父子分离，相见无期。看到天边大雁南飞，儿子却再也不能回去了。推荐大家去看计镇华老师表演的《寄子》，演唱十分精彩，令人动容，能勾起观众经历过的生离死别，或者是温馨的亲情，以及最美满与最痛苦的生命经历。通过唱曲，通过表演，通过舞台舞蹈，通过动人心弦的文辞，可以展现得这么美。

昆曲的整体表现，在追求艺术境界上，通过文学、音乐演唱与做工表演的三结合，是很值得我们思考的。跟西方的歌剧比，曲辞的文学性高，戏曲演员的做工表演出色，比西方歌剧要多了扣人心弦的因素。西方的歌剧基本上是以音乐演唱为主，在音乐创作上的成就非常高，追求的声乐艺术境界也高。西方的作曲家都是大音乐家，作的曲优美宏壮，可是我们看歌剧的那些歌词，是配合音乐而写，文学性比较弱，并不是那么感人，此外歌剧的肢体身段表演不太细腻，也不要求扎实的做工。大多数歌剧表演，有一点像一百年前京戏的抱肚子青衣，站定在那里演唱。昆曲因为有了不同领域艺术的三结合，有其表演艺术独特的优越性。我刚刚提出的计镇华老师表演的《寄子》这一段，舞台上只有父子二人互动，计镇华除了唱得充满感情，满宫满调，他演伍子胥的身段动作，庄重沉着，栩栩如生。梁谷音演《琵琶记·吃糠》，舞台上只有一个角色，演出吞咽的过程，身段与唱腔配合，丝丝入扣，传递了高明笔下的赵五娘，在隐忍的狼狈与痛苦之中，为传统妇女忠贞节孝的牺牲放声一哭，动人心弦。

　　汤显祖的《牡丹亭》，以文辞来讲，大概是昆曲舞台上表现得最优美的。在明朝的文学里面，大概也能独占鳌头。《牡丹亭》的文学性，还不只是影响了戏剧。这个剧的演出与文学剧本的流传，有"案头之书"与"宴上之曲"两方面，影响了明清以来所有文化艺术的展现，启发了很多艺术创作的灵感。比如绘画，画杜丽娘，画游园惊梦这样的场景。比如书法，写《牡丹亭》中优美的辞句，"姹紫嫣红开遍""不到园林，怎知春色如许""最撩人春色是今年"，有多少文人，濡墨挥毫，写的都是剧本的文辞。对文学传统的影响更是清楚，比如《红楼梦》二十三回，黛玉在大观园里，听到一些学戏的小姑娘们唱《牡丹亭》，她就心动神驰，心灵受到极大震撼，站都站不住了，只能蹲了下去。原因是，这样的歌词最能打动闺阁当中的大家小姐，触动了她们灵魂深处的渴望。

《牡丹亭》的《惊梦》和《寻梦》这两折，毫无疑问，是戏曲中最美的唱段。明末清初的李渔曾经批评，说这两折不适合舞台演出，因为文辞典雅绚丽，美到无可比拟，可是观众都是一般老百姓，听不懂，所以这戏只能当作案头文学来读。李渔的《闲情偶寄》，提倡"贵显浅"，批评汤显祖的文辞"曲之又曲"，是这么说的："若云作此原有深心，则恐索解人不易得矣。索解人既不易得，又何必奏之歌筵，俾雅人俗子同闻而共见乎？"他举出《惊梦》一折中，有"袅晴丝，吹来闲庭院，摇漾春如线""良辰美景奈何天，赏心乐事谁家院""遍青山，啼红了杜鹃"等语，说"字字俱费经营，字字皆欠明爽。此等妙语，止可作文字观，不得作传奇观"。其实这种说法完全没有道理，只把戏曲当成是民众的一时娱乐，没去想戏曲可以成为文化经典，传之千古。

李渔的说法，表面听起来理直气壮，其实是哗众取宠，以大众化商业赚钱为目的，打击优秀的文化传统与艺术追求。现代也有人大言不惭，说什么"艺术不艺术，票房说了算"！这是一种反智的文化态度，完全不尊重艺术追求对文化传统的贡献，只看票房收入，把戏剧的艺术标准降到大众娱乐的最大公约数。美好的经典作品，经常需要读者与观众的文化学习与提高，才能欣赏，才能体会其中的深刻与美妙。所有人类文明最美好的东西，假如观众和读者一点文化知识都没有，就不会欣赏，也没有资格来批评。李渔的说法，为低级趣味张目，很不好。他是懂文化艺术的，明明说了《牡丹亭》文辞非常非常好，又说，无奈一般老百姓听不懂，所以不能在舞台演出。这种态度，等于是说，经典文学艺术都好，可是我懒得学，我懒得知道，看都不想看，这些经典根本就不该在舞台演出。我常说，四百年来的昆曲舞台演出，打了李渔一记响亮的耳光，因为《惊梦》与《寻梦》是演出最为频繁的折子戏，而且通过精彩的唱作演艺传统，老百姓已经熟悉了《牡丹亭》的经典文辞。

昆曲艺术是不是过度高雅，超过了一般人的欣赏程度，使人望而却步呢？这个问题，适用于一切文化艺术经典，也涉及人类文明传衍的意义。《诗经》《论语》的文辞不好懂，老百姓就不必知道吗？屈原的《离骚》更难懂，不要说一般老百姓，就是一般大学生，也读得很吃力。能说屈原太差了，写的这些我都看不懂吗？你读不懂柏拉图、康德、黑格尔、莎士比亚、歌德，能说他们写得不好，让你读不下去，最好大家都不要知道吗？你看不懂商周鼎彝，看不懂苏黄米蔡，看不懂波提切利、伦布朗、梵高，看不懂昆曲、梵剧、能剧，就说这些不好，不值得现代社会保存，让它们自生自灭吗？文明有这样发展的吗？所以我们说境界，是宏观的文化境界，对昆曲的认识也要提到文明传承的高度来体会。我们好好学习，天天向上的目的是什么，是了解文明，追求人类渴望的美好境界。像《牡丹亭》这些美好的辞句，在对联书法方面，也是很受欢迎的。我觉得最有趣的一副对联，是清朝文人集了王羲之与汤显祖的句子。上联是"游目骋怀，此地有崇山峻岭，茂林修竹"，出自《兰亭集序》；下联是"赏心乐事，则为你如花美眷，似水流年"，出自《牡丹亭·惊梦》。对仗得多好！可见经典文辞启发了很多艺术灵感，能持续提高审美境界。

青春版《牡丹亭》是二〇〇四年白先勇制作的演出版本，获得空前的成功。随后就出现了各种各样的演出版本，不但有大师版，请资深的表演艺术家出来演唱，甚至有青年演员结合西方实验剧场的版本。为什么《牡丹亭》在二十一世纪能吸引这么多人，出现这么多新的表演版本，是因为这个戏的确在三结合上面，达到了一种艺术的境界。它在思想境界上、文学境界上、审美追求上，都比较优雅，有一种高洁的情操，达到了追求至情的巅峰境界。我有时放不同的录像版本给学生看，年轻人第一次看昆曲的反应很有趣。资深表演艺术家很细腻的演出，他们说，这个演员年纪有点大，演杜丽娘不漂亮。他们只注重演员的颜值，如果是年轻漂亮的演员，他们就说"好靓啊"。接触昆曲久了，浸润其中，逐渐了解了表演艺术，审美体会有所提升了，再回去看资深表演艺术家的表演，就会说，哎呀，表演得炉火纯青。

日本能剧大师世阿弥写过一本《风姿花传》，特别讲到，演员展现表演艺术的花，是有不同的时段的。年轻的时候，是一朵青春之花，我们看到的，是青春美貌；到了中年，比较成熟，姹紫嫣红开遍；到老了，逐渐有点枯萎了，在枯枝当中，还可以枯木逢春，老树开花，这种花是炉火纯青的，是艺术之花。世阿弥讲不同时段的演员之花，说的就是艺术追求的境界，非常准确地描绘了老而弥深的艺术体会。艺术的展现，不是由演员的年纪或颜值去定的。昆曲表演艺术的境界展现，是有文学的基础，又有非常曼妙、优雅的水磨调音乐，还有炉火纯青的表演。如此，艺术传承才能不朽，能够长存，能够让世世代代的表演者用不同的方式来尝试，甚至启发其他的艺术形式。

洪昇的《长生殿》，是非常了不起的戏曲作品，对人世间的悲欢离合有深刻的表现，文辞优美不说，曲牌的安排也精彩。清初统治非常专制严酷，康雍乾三代，还有文字狱，但是文化艺术传承，并没有完全断绝，还能保持晚明审美余绪。历史上的政治动乱与改朝换代，虽然让人感到乾坤变色，天崩地解，可是文化传统与审美意识不像政权易帜，基本上还能够存续一段时间。所以，晚明发展的艺术境界，像昆曲的审美境界，到了清朝初年，还能够继续下去，因为那些写诗的、写剧本的、从事音乐的、从事表演的，他们的师承没有完全断绝，洪昇的《长生殿》与孔尚任的《桃花扇》就是典型的例子。近代昆曲传承的遭遇更惨，经历了抗日战争的蹂躏，打完解放战争，昆曲几乎就要灭绝了。可是还有人在，还有一些文化与演艺的传承人，社会逐渐稳定富裕之后，昆曲还能浴火重生，也是个奇迹。

洪昇《长生殿》写作之时，像晚明那样相对自由开放的创作环境不复存在。可是《长生殿》却能超越思想钳制的氛围，以唐代安史之乱为背景，写盛唐帝国的崩溃，写唐明皇与杨贵妃情深意笃与背誓的忏悔，揭示了明清易代之后文化人的自责与反省。《长生殿》结构完整，密针细缝，文辞优美，音乐动听，角色安排与调度都显示长期以来累积的昆曲表演模式，是非常成熟的演艺典范。《长生殿》有几个经常演出的折子，如《小宴惊变》《迎像哭像》《弹词》，戏剧性特别强，而且哀今叹古，有强烈的沧桑意识。开元、天宝盛世潜藏危机的爆发，暗喻晚明的繁华终将崩解，令人嗟叹，也令人悔恨。《长生殿》这出戏，隐藏着一个重要主题，就是繁华落尽之后的忏悔，很像张岱《自为墓志铭》所说，国破家亡，不堪回首。讨论《长生殿》，大家不太提到忏悔主题，总是分析洪昇如何吸取白居易的《长恨歌》及明皇贵妃故事传统，把注意力放在爱情生死不渝之上。或许这与近代学者进行中西文化比较，过度强调文化对立有关，以为中国没有原罪观念，不可能出现超越性的忏悔意识。这样子讲中西文化对立，说得太过，把程度的不同，硬说是本质的不同，把文化传统的差异，硬说成中西人性的不同，很不恰当。其实《长生殿》的忏悔意识，在全剧最后三分之一，展现得非常精彩，通过唐明皇与杨贵妃的唱段，明确显示了很强的忏悔意识。我在别处有详细的探讨，这里略过。

《迎像哭像》一折，展示唐明皇的忏悔，蔡正仁老师继承了俞振飞唱法，演出十分精彩：

> 咳！寡人好悔恨也。
>
> 【脱布衫】羞杀咱掩面悲伤。救不得月貌花庞。是寡人全无主张，不合呵将他轻放。【小梁州】我当时若肯将身去抵挡，未必他直犯君王。纵然犯了又何妨？泉台上倒博得永成双！【么篇】我如今独自虽无恙，问余生有甚风光？只落得泪万行、愁千状；人间天上，此恨怎能偿？

唐明皇的忏悔意识非常的强，由唱词及舞台做工的表现，总能感人泪下。你听到这一段，一定会想到人生在世，难免生离死别，生离已然，何况死别。没能信守自己对挚爱的誓言，人间天上，"此恨绵绵无绝期"。《长生殿》这段唱词与《弹词》一折，都是历史的叙述，沧海桑田，人事全非，以历史变迁衬出人间忏悔，是从个人跨越到人类的悲叹。

最后我们讲一下"花雅争胜"的问题。乾隆以后地方戏得到发展，可以说花部乱弹与雅部昆曲并驾齐驱。我们在教科书里经常看到一个不太恰当的说法，说"花雅争胜"的结果，是花部取得了绝对优势。乾隆时期之后，地方戏繁荣，昆曲就没落了。张庚《中国戏曲通史》最误导的一点是，皮黄声腔取代昆山腔的主导地位，从而使戏曲艺术更加大众化、更加丰富多彩。表面上说的没错，却暗示昆曲没落是件好事，让大众艺术取代了精英艺术。文明的发展是多元多维的，阳春白雪与下里巴人应该是相辅相成，不该是对立冲突，文明才能持续发展。高雅文化境界的引导性非常重要，艺术因此而有追求，才能开创新的视野、新的天地。《大百科全书·戏剧卷》说，昆曲在乾隆之后就没落了，嘉庆末年北京已无纯昆腔的戏班，这个说法是错的，不符历史事实。现存很多资料，特别是《升平署档案》，清楚地显示了，直到光绪时期，昆腔在北京还占有主导地位，记载的十七个戏班中，八个是纯昆曲的，两个昆弋班，两个秦腔班，两个琴腔班。其实昆曲传承延续了很久，直到民国初年，所有唱京戏的演员都有昆腔的训练。昆曲完全衰落，是在民国时期，一度几乎灭绝，直到二十世纪五十年代纳入国家体系，它才活了下来。假如没有纳入国家体系，可能昆曲就消失了，绝迹了。

《十五贯》一出戏救活一个剧种的故事，是一九五六年五月十八日《人民日报》发文，引起全国文化界的重视。四十五年后，二〇〇一年五月十八日联合国教科文组织发布，昆曲是世界非物质文化遗产，而且被列在第一项。五月十八日，对于昆曲来讲是神奇的日期，而昆曲能够活下来，实在是个奇迹，也是文明的奇迹。这真的是中国文化在表演艺术方面一个很大的奇迹，是传统舞台艺术死里逃生的特例，也是人类非物质文化遗产传承的一个范例。

中华古文明能够延续，文化传统能够历劫重生，还能够再度崛起，这是人类文明史上的独特现象。许多古文明都消失了，中国的文明能够枯木重生、凤凰涅槃，真的是不容易。昆曲艺术给我们很好的启发，让我们看到，前人是怎么努力地投入文学、音乐与演艺的三结合，提高生命审美的境界，也就是文明追求的目标。文明是什么？文明是我们人类一直在追求的美好，美好的生活、美好的心灵，让我们有个美好的愿望，让我们整个人类的生活环境更美好。在戏曲方面，我们发现四百多年前就有人投入昆曲的创作，由文学家、音乐家、表演艺术家、舞台工作者，以及所有参与的观众，进行追求审美境界的三结合，共同构建美好的理想与愿望，给我们留下了绚烂的文化经典。

二〇二一年五月十八日新华 · 知本读书会第八十五期

唐诗中的醇儒风范

陈尚君

要解释什么是醇儒，首先要解释什么是儒家。

我们现在总有一种认识，认为儒家是中国文化当然的代表，这不完全正确，因为儒家在先秦诸子百家之中只是一家而已。儒家总体的精神可以《汉书·艺文志》中的这段话为代表："儒家者流，盖出于司徒之官，助人君，顺阴阳，明教化者也。游文于六经之中，留意于仁义之际，祖述尧舜，宪章文武，宗师仲尼，以重其言，于道最为高。"也就是说，儒家是为统治者维护秩序的一种学说，基本典籍是六经，基本精神是强调以"仁义"治国。"仁义"学说是孟子提出的，其最基本的精神是强调君主和百姓在国家中具有同等重要的地位，特别强调君臣之间是相对关系，"君视臣如手足，则臣视君如腹心"。

醇儒与腐儒、陋儒相对。其中"腐儒"一词主要指那些不通世变，只知每天诵读经典的人，而"陋儒"则是指没有实际的办事能力，仅坚守某些道义的人。相比之下，"醇"字本意是指酒后半酣的状态，对儒家的信徒来讲，则是指为了理想不惜牺牲一切，不在乎个人得失而坚守自己的理想的状态。我想，我对醇儒是可以做这样解释的。

其次要说明什么是唐朝。唐朝之所以在南北朝三百年战乱之后达到了中国古代的黄金时代，其背后有很多原因。唐代的文化承接于北朝，其制度简而言之，即三省六部制。这种制度有它特别的地方，具体政策的制定、执行和落实由不同部门负责。门下省负责对已经颁布的朝政进行驳议，提出不同意见，这是制度上的设计。另一方面，唐朝虽说儒、佛、道三教并行，但儒家思想占据主导地位。国家的基本治理原则，以及官员选拔、科举考试都以儒家经典为依据。同时，唐朝正处于士族社会向世俗社会转变的最后阶段，士族依旧在社会权力结构之中占据主导地位，唐王朝建立过程中产生的功勋贵族，即新兴士族，同样拥有很高的地位。于是，适合重要行政职务的官员，常因年资位阶稍低而不能担任要职。解决的办法，一是将阶、勋、爵、职分开，阶要循资格而进，但低阶也可以担任高职；二是特别重视对临民而治的官员的选拔，玄宗时多次亲自遴选，亲自训诫，亲自送行，以改善吏治，这是开元盛世的关键所在；三是承认法治的同时，也依靠人治，改善吏治的关键在选拔制度和监察制度的完善。

关于唐朝，另一个需要了解的是，唐朝并非一个以文学为中心的时代，而是尚武的时代，其最核心的统治力量出自北魏六镇之一的武川镇，胡汉通婚给唐文化带来新的气象。用一个词来概括唐代文化的特点，就是"壮盛疏峻"，它不太计较细节之处，壮盛、疏峻、舒朗、开阔，这些都是唐代和后代不同的地方。唐代开放包容和多元并存的文化精神，使得唐代文化达到一种高度发达的境界。

唐诗中的君臣关系

古代社会千头万绪，君臣关系最是大事。君处于统治的核心，对于整个国家社会的走向、对臣子的进退生杀，都处于决断地位。但君臣的关系又是相对的。君不能独自治理天下，需要直言谏事的直臣，也需要有信念有能力的醇儒，帮助治理天下。这就需要君主对君臣关系有合适的定位。这方面最著名的诗作是唐太宗的《赐萧瑀》：

疾风知劲草，板荡识诚臣。

勇夫安识义，智者必怀仁。

前两句极其有名，但不完全是唐太宗的创造。《晋书·宗室传论》有"疾风彰劲草"一句，南北朝鲍照也有"世乱识忠良"的诗句。但在这首诗中，唐太宗的用意是很明显的，萧瑀在玄武门事变前后，始终是站在他这一边，在这个疾风骤雨的过程之中经受了考验。

唐太宗的另一首诗《赐李百药》："项弃范增善，纣妼比干才。嗟此二贤没，余喜得卿来。"用项羽和商纣王的两个例子来说明，即使有好的大臣，君主没有使用好，最后的结局也必然是败亡。所以从这些历史中，唐太宗是吸取了教训的。此外，在唐太宗的长诗《帝京篇》中的最后一首中，我们也可以看出他内心的想象——

> 以兹游观极，悠然独长想。
> 披卷览前踪，抚躬寻既往。
> 望古茅茨约，瞻今兰殿广。
> 人道恶高危，虚心戒盈荡。
> 奉天竭诚敬，临民思惠养。
> 纳善察忠谏，明科慎刑赏。
> 六五诚难继，四三非易仰。
> 广待淳化敷，方嗣云亭响。

诗中，唐太宗说自己，处于时代的最高位，但也明白地位越高，越是危险。在这个时候，一定要学会接受各种不同的意见，一定要提醒自己不能太随意。别人讲的，好听的、不好听的话，只要是为了国家的发展，一定要虚心接纳，朝廷应该有法律设置的规范，刑赏要得当。后面两句有些特别，"六五诚难继，四三非易仰"，这是唐太宗在表达，希望在他的治理之下，大唐能够达到三皇五帝那么伟大的基业，虽然很不容易，但可以努力地向往之。

相似的还有《尚书诗》。《尚书》是古代儒家经典，《尚书诗》就是唐太宗在和魏征一起读《尚书》时所作。诗中说

"纵情昏主多，克己明君鲜"，意思是，达到帝王这样的高位，发昏放纵自己、不顾百姓死亡的昏君在古代有很多；而能够克己复礼、建立基业的明君很少。这首诗的最后，太宗说自己"既承百王末，战兢随岁转"，看了这么多帝王的得失，内心如履薄冰，战战兢兢。可见，皇帝的内心也不是那么的轻松。

唐玄宗在年轻时，尤其是刚做皇帝十来年间，是奋发有为的。所以，玄宗在位的四十多年，是唐朝最强大的时期。通过《赐诸州刺史以题座右》这首诗，我们可以看到玄宗对治理的重视。"座右"是在座位右边写下牢记的格言，让各州的刺史将这首诗作为自己行为的准则，去了解百姓的生活——

春言思共理，鉴梦想维良。

猗欤此推择，声绩著周行。

贤能既俟进，黎献实仁康。

视人当如子，爱人亦如伤。

讲学试诵论，阡陌劝耕桑。

虚誉不可饰，清知不可忘。

求名迹易见，安贞德自彰。

讼狱必以情，教民贵有常。

恤惸且存老，抚弱复绥强。

勉哉各祗命，知予眷万方。

选择了朝廷中最有才能的高官到地方上去，希望政绩可以传遍天下，视百姓如自己的孩子，让百姓拥有更好的生活。在地方上，重视文化建设，发展农业，处理案件，要按照自己的心情来体会，告诉老百姓要勤于农作，按照正常的方式来从事生产。体恤孤儿寡母和老人，打击地方豪强。最后唐玄宗提出勉励，希望刺史们各自努力，将他对百姓的治理方法，传播到四面八方。

杜　甫

唐代在这样的氛围中，有一批诗人，秉持儒家的基本教义，心里怎么想，就怎么做。学术界现在有一种说法叫"早期儒家"，指那些还没有经历宋明理学教化的醇儒。

杜甫的《自京赴奉先县咏怀五百字》里有两句诗"朱门酒肉臭，路有冻死骨"，几乎人人都知道，但完整读过这首诗的却不多，完全读懂的更少。杜甫这首诗有一个自注，是他晚年整理文集的时候加进去的："天宝十四载十一月初作。"看起来好像很平常，但如果熟悉历史，会知道就在那个月"安史之乱"爆发，杜甫这首诗写于爆发前一周。杜甫写这首诗的原因，是他对于朝廷的危机有极大的担忧。从诗的结构上来看，《自京赴奉先县咏怀五百字》一共可以分为三段：从"杜陵有布衣，老大意转拙"到"沉饮聊自遣，放歌颇愁绝"，这三十二句是第一段；从"岁暮百草零，疾风高冈裂"

到"荣枯咫尺异，惆怅难再述"的三十八句诗是第二段；从"北辕就泾渭，官渡又改辙"到"忧端齐终南，澒洞不可掇"的三十句，是全诗的最后一段。这里，我们颠倒过来，从最后一段开始理解这首诗。

全诗的最后一段，也可以分节。第一节："北辕就泾渭，官渡又改辙。群冰从西下，极目高崒兀。疑是崆峒来，恐触天柱折。河梁幸未拆，枝撑声窸窣。行旅相攀援，川广不可越。"讲杜甫为求官，先将家人安置在奉先，如今求官有点头绪，终于可以去奉先看望家人。这一节讲的主要是路上的辛苦，借此烘托环境之险恶。第二节："老妻既异县，十口隔风雪。谁能久不顾，庶往共饥渴。入门闻号咷，幼子饥已卒。吾宁舍一哀，里巷亦呜咽。所愧为人父，无食致夭折。岂知秋禾登，贫窭有仓卒。"杜甫的诗中经常出现"老妻"，但杜甫的妻子其实不太老，也就三十多岁。杜甫刚刚到奉先的家中，就听到家里人在哭，原来自己年幼的孩子已经饿死，邻居家中也传来了哭声。可能是为了杜甫家的不幸，也可能是各自有各自的不幸。这一段我们可以感到杜甫作为父亲的自责，以及杜甫一家的不幸。但仅仅写到这里还不够，杜甫从自己的遭遇引申到国家社会的危机。第三节："生常免租税，名不隶征伐。抚迹犹酸辛，平人固骚屑。默思失业徒，因念远戍卒。忧端齐终南，澒洞不可掇。"杜甫想到自己家还算是社会中的一个特权家庭，既不交税，也不会被征兵。即使这样，家境还如此之辛苦，一般人的生活又会如何？想到这儿，杜甫对整个社会忧愁的情绪如同终南山一样，高耸而浩渺奔腾，像滔天的洪水不可止遏，绵延不绝。我相信，这首诗的写作动机，正是这件事触动了他，并联想到了造成这种境况的君主的责任。而杜甫的意见，则是在前面表达了出来。

从全诗第二段中，可以看到杜甫是在这一天的凌晨出发，经过骊山的时候走的是靠近骊山的大道，离临潼很远，因此诗歌后面描写他经过的地方，都出于诗人的想象。当天的天气很冷，冷得手指都动不了，衣服包得紧还冷得不行。经过了骊山，想象着骊山上的贵族们正过着极度奢靡的生活，并由此引出了杜甫的议论："彤庭所分帛，本自寒女出。鞭挞其夫家，聚敛贡城阙。圣人筐篚恩，实欲邦国活。"赏赐给大臣的玉帛，是贫苦人家的姑娘一针一针织出来的，各个地方的暴吏，将这些收敛聚集到京城，由皇帝将这些财富分赏给朝中大臣，让他们帮助自己维持国家的正常运转。接下来，是杜甫最激烈的两句话："臣如忽至理，君岂弃此物。多士盈朝廷，仁者宜战栗。"这些道理大臣中有几个忽略了，可坐拥天下的皇帝怎么可以忽略呢？从中可以看到，杜甫的尽忠不是"君要臣死臣不得不死"的迂腐，而是清楚知道，国家治理是皇帝、官员和百姓共同的事情，天下的财富汇集给皇帝，皇帝就要对天下负责任。这一段的第三节，杜甫继续描写权贵们的奢靡生活，最后归纳为最根本的几句："朱门酒肉臭，路有冻死骨。荣枯咫尺异，惆怅难再述！"贫苦差距已经这么大了，百姓生活如此艰难，实在没办法继续说下去了。

第一段的内容，简单概括，就是杜甫自陈要对朝廷提出最尖锐的批评，出于对本朝的绝对忠诚，本来可以不说的，但又不得不说。我相信，这首诗是从后面写起的，但是杜甫认为，要是这么写会让皇帝怀疑，所以前面再三解释，自己为什么要写这首诗。这里可以看出杜甫内心活动的波澜，在一个强盛的时代，杜甫看到了隐藏的巨大危机，他可以不说，但他依然要说，说出来也是非常尖锐和激烈。但杜甫这首诗写完，还没来得及献出去，"安史之乱"就发生了，这篇诗也没有给他带来危险。但如果是在太平盛世献上这首诗，杜甫的下场就不好说了。

这里，还特别想讲杜甫的另外一首《北征》。《北征》是杜甫最伟大的作品之一，这首诗最特别的地方在于，写这首诗的时候，杜甫已经在朝廷做官，但在官场上不太顺。《北征》的最后一段最能表现杜甫的风采：

> 忆昨狼狈初，事与古先别。
>
> 奸臣竟菹醢，同恶随荡析。
>
> 不闻夏殷衰，中自诛褒妲。
>
> 周汉获再兴，宣光果明哲。
>
> 桓桓陈将军，仗钺奋忠烈。
>
> 微尔人尽非，于今国犹活。
>
> 凄凉大同殿，寂寞白兽闼。

都人望翠华，佳气向金阙。

园陵固有神，扫洒数不缺。

煌煌太宗业，树立甚宏达。

　　杜甫看到安史之乱之后，经历了大的动荡，国家又有了新的希望，最终还是会回到正轨。他赞颂发动马嵬兵谏的关键人物陈玄礼，认为杨贵妃兄妹伏法改变了国运，坚信太宗皇帝开创的伟大事业还有新的希望。其实当时杜甫的地位很低，离朝廷的决策层很远。用现在的话来说叫"瞎操心"，但是从这里，其实可以看出杜甫始终将个人命运与国家前途捆绑在一起的人生态度。

元　　结

　　元结是盛唐后期的一位诗人，比较特别的地方是主张复古。元结的诗歌对于时政的议论非常激烈，从对时代的恭维转为对政治制度的批评，认为玄宗对国家的动荡负有不可推卸的责任。

　　元结早年的作品，以《补乐歌》与《系乐府》为代表。《补乐歌》十首十九章，设拟上古贤君之为政之方而歌颂之。《系乐府》十二首，在感慨风教与君子修养之同时，对民间疾苦有很强烈之控诉。如《贫妇词》之写贫苦夫妻之绝望，《去乡悲》写离乡者之去留无奈，《农臣怨》诉草木之患，昆虫之苦，尚祈官府体察，《贱士吟》则表明在"谄竞实多路，苟邪皆共求"的恶劣环境中，他以古君子立身的坚定选择。"正方终莫可，江海有沧洲"，即便行正道不为世容，至少还有归隐江海可以选择。

广德元年（763）九月，元结获授道州刺史，道州在如今的湖南省南部，与广东相接，是当时最边缘、最落后的州份。到任以后，元结写了《道州刺史谢上表》：

> 者老见臣，俯伏而泣；官吏见臣，已无菜色。城池井邑，但生荒草；登高极望，不见人烟。岭南数州，与臣接近，余寇蚁聚，尚未归降。
>
> ……
>
> 若无武略以制暴乱，若无文才以救疲弊，若不清廉以身率下，若不变通以救时须，一州之人不叛，则乱将作矣。

元结看到这里一片荒凉、民不聊生，大乱以后如何恢复，对元结来讲是一个很严峻的问题。元结到任以后，上级不断地催征，要他在一定时间内征收一十三万六千三百八十八贯八百文，即当地一年赋税的总额。但道州的现状却是"被西原贼屠陷，贼停留一月余日，焚烧粮储屋宅，俘掠百姓男女，驱杀牛马老少，一州几尽。贼散后，百姓归复，十不存一，资产皆无，人心嗷嗷，未有安者"（《奏免科率状》)。州府一片破败，整个道州的存活人口不及乱前十分之一，怎么征收赋税？所以，元结陈情，要求把所有的赋税全部免掉。为此，元结还写了两首在文学史上很著名的诗，《舂陵行》和《贼退示官吏》。

舂陵是道州的古郡名。在这首《舂陵行》的序中，元结写道："癸卯岁，漫叟授道州刺史。道州旧四万余户，经贼已来，不满四千，大半不胜赋税。"道州原来有四万余户百姓，如今剩下的不到四千。刚刚上任，上级部门就不断地催征收赋税，络绎不绝，更以官职为要挟，于是元结感慨："于戏！若悉应其命，则州县破乱，刺史欲焉逃罪？"如果答应了上级的要求，向民众逼迫交税，州县将更加混乱，作为刺史不是同样有不可推卸的责任吗？进退两难，所以选择不逼迫百姓，静待朝廷的怪罪。"此州是舂陵故地，故作《舂陵行》，以达下情"，到底为朝廷考虑还是为百姓考虑，元结选择首先考虑百姓——

> 军国多所须，切责在有司。有司临郡县，刑法竟欲施。供给岂不忧，征敛又可悲。州小经乱亡，遗人实困疲。大乡无十家，大族命单羸。朝餐是草根，暮食是木皮。出言气欲绝，言速行步迟。追呼尚不忍，况乃鞭扑之。邮亭传急符，来往迹相追。更无宽大恩，但有迫促期。欲令鬻儿女，言发恐乱随。悉使索其家，而又无生资。听彼道路言，怨伤谁复知？去冬山贼来，杀夺几无

遗。所愿见王官，抚养以惠慈。奈何重驱逐，不使存活为？安人天子命，符节我所持。州县忽乱亡，得罪复是谁？逋缓违诏令，蒙责固所宜。前贤重守分，恶以祸福移。亦云贵守官，不爱能适时。顾惟孱弱者，正直当不亏。何人采国风，吾欲献此辞。

国家在动乱之中，需要大量的开支，要有司尽可能地搜刮财富。但百姓本来就供给不足，要征收赋税实在是很可悲的行为。州县已经经历了大的战乱，活下来的人所剩无几，已经非常困倦疲乏。作为刺史，看到百姓已经这么困穷了，还怎么忍心搜刮他们的财富呢？民众经历了盗贼的迫害以后，见到了朝廷派来的刺史，只是希望给予自己更多的关心，怎么可以再驱逐这批穷苦的百姓呢？安抚百姓是刺史的任务，看到那些孱弱的百姓，"我"觉得自己的选择是正确的，没有考虑自己前途的任何理由。

《贼退示官吏》讲的还是这件事。诗序中讲，第二年西原贼攻到邻近的州县，没有到道州来，不是因为可怜这里的百姓，而是实在没剩什么可以劫掠了，"诸使何为忍苦征敛，故作诗一篇，以示官吏"。诗中，元结讲道："城小贼不屠，人贫伤可怜。是以陷邻境，此州独见全。使臣将王命，岂不如贼焉？"百姓已经穷困到这个程度，使者还携符命来征税，这样的做法和贼有什么不一样？"今彼征敛者，迫之如火煎。谁能绝人命，以作时世贤。"现在朝廷不断地追索，谁能不顾人命，完成上级的要求？"思欲委符节，引竿自刺船。将家就鱼麦，归老江海边。"这里，诗人希望可以尽快离职，宁可辞官也不做违心的事情，不对老百姓做非法的聚敛。元结在这首诗中，展现了自己的人生选择。

杜甫在偶然的机会下，读到元结这两首诗以后，写了著名的《同元使君〈春陵行〉》。在这首诗的序言中，杜甫说："志之曰：当天子分忧之地，效汉官良吏之目。今盗贼未息，知民疾苦，得结辈十数公，落落然参错天下为邦伯，万物吐气，天下少安，可待矣。不意复见比兴体制，微婉顿挫之词，感而有诗，增诸卷轴，简知我者，不必寄元也。"这最后几句，杜甫用了陈子昂的诗曾经用过的方式，是真正有风骨的激烈的诗歌。他在元结这里看到真正的汉魏风骨之精神，为之兴奋。但是，杜甫的序最后两句特别值得仔细回味，古代君子有一个立身的原则，即有好话讲好话，有坏话讲坏话，绝不以私交影响公义。杜甫对于元结之赞赏，并不是为了得到元结之回应。杜甫写的这首诗很长，而且在文学史上有特别的地位，对于元结之赞赏，用了最高级的形容词，将他赞誉为那个时代标志性的人物，在国家大乱之后，为百姓充分地考虑。同时，杜甫在诗里传达得很清楚，自己与元结的私交有不好的地方，但不影响立场。这里可以看到君子的立身，有他共同的地方，为民众，而不是为政绩、名声。从杜甫和元结身上，我们都可以看到时代之中积极的精神，有这种人在，国家不亡，是有它的原因的。

韦应物与裴度

前面讲到杜甫对时代之忧虑、元结对百姓之同情，接下来要讲的两位有点特别，一位是韦应物，一位是裴度。

大家应该都知道韦应物，以及他的《滁州西涧》。韦应物在唐代诗人中的特别之处在于，他是经历过从纨绔子弟到清廉刺史这样一个过程的人物。韦应物有一首诗《逢杨开府》，写自己碰到一个以前的朋友，于是回想起少年时光。从这首诗可以看出，韦应物年轻时是一个纨绔子弟，仗着自己的家世，做了不少错事，也没有太多文化。但人都是会变的，经历了战乱，韦应物自觉读书，转变为一个心态平和的醇正的官员，做了许多好事。后人提到韦应物的时候，经常拿他和陶渊明做比较。但陶渊明的内心其实还有很多不平，而韦应物的内心一点波澜都没有，与万物合一，做官无欲无求。这是儒家生活的另外一种状态，是治国平天下以后的悠游生活，是与世无争地展示人生丰富的画面。

韦应物有名的诗作《寄李儋元锡》，是他写给两位朋友的——

去年花里逢君别，今日花开已一年。
世事茫茫难自料，春愁黯黯独成眠。
身多疾病思田里，邑有流亡愧俸钱。

闻道欲来相问讯，西楼望月几回圆。

诗写得很简单：世事过去了，人慢慢老了，到了黄昏的时候，人的倦意很深。于是感慨自己身体不好，作为地方长官似乎也不是很称职，治下的百姓还没有安身。于是韦应物感到很惭愧，只想早一点离官，过闲适的生活。

韦应物最有名的一首诗《郡斋雨中与诸文士燕集》，我们现在不怎么读，但在唐代曾经轰动一时——

> 兵卫森画戟，宴寝凝清香。
> 海上风雨至，逍遥池阁凉。
> 烦疴近消散，嘉宾复满堂。
> 自惭居处崇，未睹斯民康。
> 理会是非遣，性达形迹忘。
> 鲜肥属时禁，蔬果幸见尝。
> 俯饮一杯酒，仰聆金玉章。
> 神欢体自轻，意欲凌风翔。
> 吴中盛文史，群彦今汪洋。
> 方知大藩地，岂曰财赋强。

这首诗写于苏州，韦应物在苏州刺史任上，在州衙之中约了一群文人朋友，喝酒聊天，各自写诗，大家欢聚。这首诗之所以轰动一时就在于，韦应物在诗中传达了一种儒者轻松明快、潇洒通脱的人生态度。没有任何怨气，也没有任何恶语，令人感到一种人生之愉快，是一名醇正儒生在做地方官时的喜悦、同情、追求和理想，表达的是儒家致治理想局部实现的欢悦平和。

韦应物的诗中很多都表达了那种潇洒的情怀，其中最有名的几首——

今朝郡斋冷，忽念山中客。

涧底束荆薪，归来煮白石。

欲持一瓢酒，远慰风雨夕。

落叶满空山，何处寻行迹？

（《寄全椒山中道士》）

怜君卧病思新橘，试摘犹酸亦未黄。

书后欲题三百颗，洞庭须待满林霜。

（《故人重九日求橘》）

当然大家最熟悉的还是他的《滁州西涧》。韦应物的诗轻松潇洒，是唐人学陶渊明中最得其精神的。也有人将韦应物和柳宗元并称，但韦、柳的精神气质是完全不一样的，韦应物是几乎与生俱来就很平和，柳宗元是经历了激烈的斗争以后归于平和，这是两种不同的境界。

裴度则是另外一种境界。"修身、齐家、治国、平天下"，儒家的理想裴度已经实现了。但实现以后，却是非常危险的。因此裴度不信术数，不好服食，日常语是："鸡猪鱼蒜，逢着则吃。生老病死，时至则行。"裴度的诗歌不是特别有名，但是他的政事在中唐名满天下，被称为裴令公。裴度早年做过西川节度使武元衡的书记，后者担任宰相平定叛乱时，裴度是其主要的助手。元和十年，宰相武元衡被刺身亡。裴度接任宰相后，马上向皇帝请示征讨藩镇，并请皇帝允许在自己的私宅中接见天下豪杰。要知道，在任何时代，在朝廷之中负有重任的官员私下结交都是很危险的行为，会引起猜忌。所以在裴度讨淮西时，与之私交很好的韩愈写了一首诗——

　　龙疲虎困割川原，亿万苍生性命存。

　　谁劝君王回马首，真成一掷赌乾坤。

（《过鸿沟》）

　　说裴度的此举，关系到国家之安危，关系到亿万苍生之性命。所以裴度的功业是非常了不起的。

　　但是完成国家的伟业之后，个人的命运有时真的很难。这里特别要提一下这首《中书即事通简旧寮》，旧寮是指自己最亲近的朋友，因此这首诗是裴度在讲自己的心里话，把做宰相时的心情写出来——

　　有意效承平，无功益圣明。

灰心缘忍事，霜鬓为论兵。

道直身还在，恩深命转轻。

盐梅非拟议，葵藿是平生。

白日长悬照，苍蝇谩发声。

嵩阳旧栖地，终使谢归耕。

　　这首诗很有名就在于，这是一个一人之下万人之上，功满天下的宰相的内心自白。裴度想做成伟大的事情，但又感慨自己实际的贡献很少。因为要做成任何的事情，都要耗费很大的心力，要有特别的忍耐和坚持。尽管如此，他还是秉持着直行的原则，皇帝的恩深如海，作为臣子，个人的命运不值一提。不敢讲自己治理天下一定做得特别好，但是对于国家之忠诚是平生坚持的原则。苍蝇比喻奸佞之人，他们的挑拨离间、诽谤之词，自己都不计较，乡间的欢乐吸引着裴度，只想早日辞官归隐，没有其他的想法。做成事情不容易，做成事情以后与君主相处更加难。裴度一生写了很多看似很无聊的诗，但这并不是说他不想作好诗，而是在他功满天下的时候，会有很多人盯着他。裴度必须"自甘堕落"，表示自己胸无大志、没有野心，这样才能令皇帝放心。在另一首《在太原题厅壁一绝句》中，裴度同样表达了内心的想法："危事经非一，浮荣得是空。白头官舍里，今日又春风。"这是裴度在他去世前一年写的诗，感慨自己所得到的一切，几乎都是空的。

结　语

回顾几位不同身份的醇儒——初授官的杜甫，感到了国家存在的危机，向皇帝挑明国家在危险之中，应该有所警惕、有所变化，这是一种态度；刺史元结，到了道州，看到民生艰苦，宁肯拒绝上级的指派，绝不向百姓催逼赋税，牺牲自己的前途也在所不惜，这是另外一种态度；韦应物，自古以来中国官员良吏的典范，做的一切都不为名声，在他的诗文之中，可以见出其人生潇洒愉悦；裴度，实现了儒家"修齐治平"的理想以后，既要浮沉于世间，又要保持自己的责任感，对国家做出贡献。这样的官员在唐代绝非个别。比如裴度的政治对手令狐楚，虽然现在我们对他有许多贬低，但他在临终时，让诗人李商隐执笔向皇帝上书："然自前年夏秋已来，贬谪者至多，诛戮者不少，望普加鸿造，稍霁皇威。殁者昭洗以云雷，存者沾濡以雨露。"希望皇帝可以为"甘露事变"中被抄斩的人恢复声誉，"使五谷嘉熟，兆人安康。纳臣将尽之苦言，慰臣永蛰之幽魄"。人之将亡，其言也善，他看到解决危机的办法，以临终上书的方法提出来。因此，在唐朝鼎盛的时代，官员在政治上有不同的派系，但多能始终保持儒家的原则操守。唐朝的兴盛，与这么多正人君子为国家操心出力有关，也与君主的包容倡导有关。

二〇二一年六月二十六日新华·知本读书会第八十六期

图书在版编目（CIP）数据

打开果核：新华·知本读书会文丛·文化／李爽
主编. — 上海：文汇出版社,2021.11
    ISBN 978－7－5496－3642－6

    Ⅰ.①打… Ⅱ.①李… Ⅲ.①文化理论—文集 Ⅳ.
①G0－53

中国版本图书馆 CIP 数据核字（2021）第 232230 号

打开果核

主　编／李　爽
副主编／黄文福　顾红梅

《书城》杂志出品
策 划 人／顾红梅　齐晓鸽
责任编辑／陈　屹
策划编辑／钱　斌　齐晓鸽
流程编辑／达　醴

装帧设计／张志全

出版发行／**文匯**出版社
地　　址／上海市威海路 755 号　（200041）
排　　版／南京展望文化发展有限公司
印刷装订／上海中华商务联合印刷有限公司

版　　次／2021 年 11 月第 1 版
印　　次／2021 年 11 月第 1 次印刷
开　　本／889×1194　1/32
印　　张／9.625
字　　数／178 千字

ISBN 978－7－5496－3642－6
定　　价／88.00 元